AF221812

Marianne E. Meyer
Wasserkristalle: Botschaft der Seelen
Licht- und Schattenarbeit – Überwindung der Angst

Herstellung und Verlag: BoD -
Books on Demand, Norderstedt
ISBN 978-3-7526-6757-8

Autorin und Verlag übernehmen keinerlei Haftung für Schäden irgendeiner Art, die direkt oder indirekt aus der Anwendung oder Verwendung der Angaben in diesem Werk entstehen.

**Einige weitere Bücher von M. E. Meyer:**

*Gesund ohne Medikamente*

*Spirulina, Überlebensnahrung für ein neues Zeitalter*

*Wasser verbindet die Welten*

*Spirulina* für Kinder

*Psyllium – So bekommen Sie Ihr Fett weg*

Umschlaggestaltung, Satz & Layout: M. Meyer

Lektorat: H. Müller

Dank für die Überlassung folgenden Bildmaterials: E. F. Braun S. 9, 10, 21, 24, 30, 74, 76-79, 81, 82, 84-89, 91, 93-95, 97, 98, 100, 102, 108-111, 113, Office Masaru Emoto 24, 25, moviepilot.de 104, R.Taylor 106

Cover: E. F. Braun, R.Taylor

Marianne E. Meyer

# Wasserkristalle: Botschaft der Seelen

Licht- und Schattenarbeit – Überwindung der Angst

Man kann nicht zweimal

in denselben Fluss steigen,

denn andere Wasser

strömen nach.

Auch die Seelen

steigen gleichsam

aus dem Wasser empor.


Heraklit

# INHALTSVERZEICHNIS 5

# Vorwort

Nichts bewegt sich absoluter inmitten unseres Seins als der ständige Wechsel von Ereignissen. Alles, was mit Schwingung zu tun hat, begleitet uns ein Leben lang. Unser aus rund 70 % Wasser bestehender Körper speichert Gefühle, wie Liebe, Freude, Trauer, Angst oder Wut als Erfahrung. Könnte Wasser somit unser Gedächtnis sein?

Im vorliegenden Werk geht es um die Informationsspeicherfähigkeit des Wassers, die Masaru Emoto und andere Wasserforscher durch die Wasserkristallfotografie bildhaft darstellen konnten. Z. B. mit Heavy-metal-Musik beschalltes Wasser zeigte keine Kristallbildung, während Beatle-Songs oder klassische Tonkunst schöne Kristalle formten. Bereits durch meine ersten Wasserkristallfotografie-Experimente mit E. Braun vor mehr als zwölf Jahren war mir klar geworden, dass unsere Lieben im Jenseits sich via Wasser uns mitteilen wollen. Besonders fesselnd waren für mich die prophetischen Botschaften meines Mannes Peter und seiner spaßigen Wasserkristallbilder, siehe Seite 102 ff.

Ich gebe zu, nicht alle Menschen können diese Wunderwerke der Natur gleich erkennen. Selbst ich entdecke Dinge mitunter Monate, manchmal sogar erst Jahre nach der ersten Ansicht. Auch auf dem Wasserkristallfoto (WKF) auf Seite 9 hatte ich etwas Wesentliches jahrelang übersehen: nämlich Peter. Im Rahmen meiner Wasser-Tests mit meinem verstorbenen Mann für die Bücher *Über den Tod hinaus* und *Sad News* schaute ich das WKF wieder an und entdeckte ihn.

Der Wasserkünstler Ernst F. Braun hatte damals neutrales Wasser mit einem Foto unseres Katers Max informiert, indem er es in einem Glasfläschchen einen Tag lang auf das Foto stellte. Danach entnahm er mit einer Pipette 22 Tropfen, füllte sie in 22 Petrischalen und fror sie für 3-4 Stunden ein. Bei jedem der 22 gefrorenen Wassertropfen hatte E. Braun nur etwa 45 Sekunden Zeit, um eine Mikrofotografie anzufertigen. Er konnte damals acht Wasserkristalle generieren.

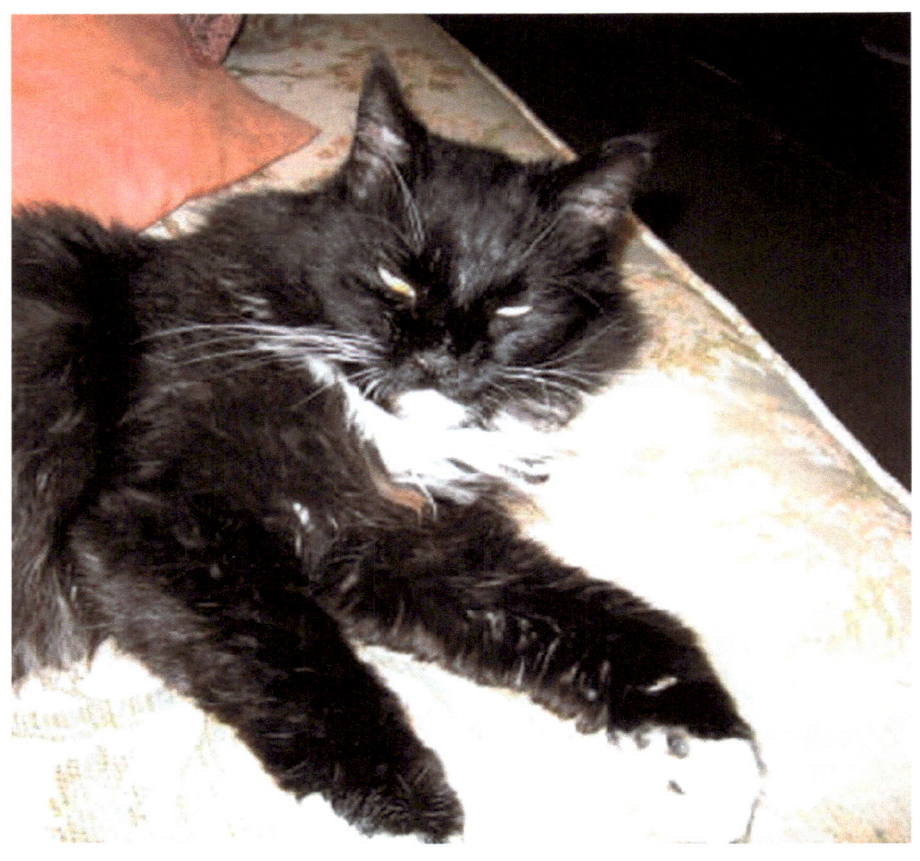

Der Inhalt des ersten Kristalls zeigt das Lieblingsspiel des acht Wochen alten Katers Max. In USA ist Golf ein Volkssport. Auch wir übten uns darin. Mit dem Putter versuchten wir auf dem hellen Teppichboden im Zimmer mit dem steinernen Kamin den Golfball in ein schwarzes Gerät zu bugsieren, das den Ball danach wieder automatisch zurückbeförderte. Dabei flitzte Max gern dazwischen und war ganz eifrig darauf aus, die Kugel zu erwischen. Damals sah ich aber nur das übergroß dargestellte Gerät mit dem weißen Ball. Heute sehe ich fotografisch klar links innerhalb des Strahlenkranzes von oben schauend den kahlköpfigen Peter in seiner Lederweste nach Südwesten blickend. Zwischen ihm und dem Golfball steht die kleine Figur, dito wie auf einer Luftaufnahme den Jungkater darstellend.

Auch beim Einlochen auf dem Rasen spielte Max gern mit. Zuerst hielt ich das WKF auf Seite 10 für diese Freude beim Spielen. Heute denke ich, dass der Punkt mit dem Kreis ja auch das Göttliche und die Seelenkraft symbolisiert. Als sogenanntes Sonnenzeichen spiegelt es uns das „*Gesetz der Reflexion und der Selbsterkenntnis*".

*Vertraue dir und deinem Bauchgefühl vollkommen, deiner Mitte, deinem Punkt in deiner Körpermitte. Sei dir und deinen Visionen treu und lass dich nicht vom Außen davon abbringen. Erkenne deine Kraft und dein Licht, entfalte dich aus deiner Mitte heraus nach außen und lass dein Licht leuchten."*

www.charlotteplesz.com/2018/01/07/symbol-punkt-mit-kreis

Ja das passt zu Max. Er war wie ein Guru unter seinen Artgenossen. Selbst streitbarste Nachbar-Kater lagen lammfromm in seiner Nähe.

Und da der Kreis und das Rad uralte Symbole für den Himmel und die Unendlichkeit sind, sehe ich ein, dass ich mit meiner damaligen Golfballinterpretation bei diesem Wasserkristall falschgelegen habe.

Ernst Braun sagte damals auch: *Es scheint ein sehr spiritueller, schlauer und glücklicher Kater zu sein.*

Schließlich kann ich Ihnen auch noch verdeutlichen, wie recht der Wasserkünstler bei seiner Aussage hatte. Denn Kater Max hatte definitiv einen Nachtodkontakt mit unserer Vermieterin, wie Sie durch folgendes Zitat aus meinem Buch *Über den Tod hinaus* sehen können:

*"Er kam panisch schreiend zur Terrassentür herein gefegt. Heulend hetzte er durch die Gemächer, ganz so als wäre ein Geist hinter ihm her. Tags drauf erfuhren wir: Es war wohl nicht nur eine Redensart: Unsere Vermieterin hatte genau zu dieser Zeit im Krankenhaus ihre fleischliche Hülle verlassen. Frau Peters war zeitlebens geradezu darauf versessen, Max mit fetten Leckerbissen zu verwöhnen. Dieser belohnte sie mit seiner putzigen Präsenz. Max, der den meisten Menschen gegenüber sehr scheu war, kam als einziges unserer vierzehn Samtpfotenwesen zum Sterben zu mir. Ähnlich wie oben schreiend raste er zur Terrassentür herein. Ich brachte ihn zwar noch zum Veterinär, aber Max machte eine Stunde später zu Hause in meinen Armen ohne zu leiden seinen letzten tiefen Atemzug. Danach vibrierte er kurz am ganzen Körper. Ein klares Zeichen dafür, dass wir elektrische Wesen sind, die nach dem leiblichen Tod die Frequenz erhöhen."* (S. 65)

Wie gesagt, können wir bei den Wasserkristallfotos nicht immer gleich etwas erkennen. Aber nach einer Meditation oder einem großen Glas Clusterwasser sollte es schon etwas einfacher sein. Auch wenn Sie einen Kristall nachmalen, kann Ihnen das eine oder andere Licht aufgehen. Jedenfalls ist es hochspannend, selbst mit der Wasserkristallfotografie zu experimentieren. Und ich würde mich riesig freuen, wenn Sie mich an Ihren Erfahrungen teilhaben ließen.

# Einleitung

In diesem Buch können Sie etwas über das Wunder der Seele erfahren, wiewohl wir hier in der physischen Existenz dieses Mysterium nie voll und ganz klären können. Denn unser Bewusstsein ist begrenzt und die Vorstellungen, die wir von der Seele haben, variieren je nach Bewusstseinsstufe. Sie müssen aber nicht mit dem im Buch dargelegten Verständnis der Seele in Resonanz gehen, um Unterstützung oder Trost zu erhalten. Es geht nur um den Denkanstoß, die Inspiration, eben die Beseelung.

Die Entscheidung, ob Sie mein Seelenkonzept für möglich halten und als plausibel anerkennen, liegt ganz bei Ihnen selbst. Vielleicht lassen Sie sich einfach nur von den wunderschönen Wasserkristallen – diesen wahren Geschenken der geistigen Welt – verzaubern.

Alles ist Energie und damit Schwingung. Oder anders ausgedrückt: Alles Vorhandene ist beseelt und schwingt. Unbewusst kommunizieren wir alle miteinander, auch mit Tieren und Pflanzen. Die Seelenenergie wirkt sogar zwischen Pflanzen und Tieren, wie eine Studie zeigte, bei der Forscher ein Messgerät an eine Pflanze anschlossen und nebenan lebende Taschenkrebse in einen Topf mit kochendem Wasser warfen. Daraufhin zeigte die Pflanze Erregungen im Zellensystem an.

Durch unser Schwingen und dem unseres Umfelds bzw. durch die Schwingungsintervalle entstehen Frequenzen, die unseren Körper, den Geist und unser Wohlbefinden beeinflussen. In der Homöopathie werden die Schwingungen bestimmter Pflanzen auf den Menschen übertragen. Im Buch *Gesund ohne Medikamente* habe ich gezeigt, wie Frequenzen in der Bioresonanztherapie Abläufe im Körper aufzeigen. Skalarwellen können aber auch Vorgänge beeinflussen und umstimmen, Gifte ausscheiden und die Selbstheilungskräfte aktivieren.

In diesem Werk geht es vorrangig – besonders in Teil V – um die einst von Masaru Emoto und anderen entdeckten Wasserkristallbotschaften. Durch meine jahrelangen Experimente mit der Wasserkristallfotografie bin ich davon überzeugt, dass es sich dabei um Mitteilungsbemühungen unserer Lieben im Jenseits handelt. Besonders interessant waren für mich die prophetischen Botschaften via Wasserkristallbilder; siehe Seite 89 ff.

Teil I zeigt Ihnen, dass wir mehr sind als unser materieller Körper, den wir spüren. Alles, was besteht, ist belebt, beseelt und miteinander verknüpft.

Teil II führt Sie über den Seelenweg in die Tiefen des Mysteriums unseres Lebens und stellt uns als elektrische Wesen in einer elektrisch geladenen Umwelt dar. Auch geht es um die Frage nach dem Sinn und Zweck des wiederkehrenden Lebens, um karmische Verbindungen, morphische Felder, antrainierte Denkmuster und Ängste. Durch die Integration unserer dunklen Seite können wir wachsen und eine mitunter das ganze Leben lang lähmende Angst überwinden.

Im III. Teil erfahren Sie etwas über Schwingungsharmonie und wie Energie, Wille und Wellenbewegungen zusammenwirken. Auch können Sie die Selbstheilungskräfte in Gang setzende individuelle Seelenmusik der Konzert-Pianistin, Klavierlehrerin, Astro-/Numerologin und Reinkarnationsbegleiterin Sasika Horn erleben.

Der IV. Teil geht um unsere Schatten, schlechtes Karma, die dunklen Seiten in uns, die aus vorangegangen Leben rühren, also in unserer Junk-DNA schlummern. Wir tragen für unsere Worte, Gedanken und Taten Verantwortung. Es geht mithin um Schuld und Sühne.

Im V. Teil sehen Sie die Ergebnisse der Wasserkristallfotografie-Tests mit dem *Atelier für Kunst und Mystic*, nämlich die kristallisierte Energie.

# I. DER PFAD IN DIE TIEFE UNSERES LEBENS

Wir sind mehr als unser materieller Körper, den wir spüren. Er besteht aus Schwingungen oder Energie und ist mit dem gesamten Universum verbunden. Alles ist ein Netz aus ineinandergreifender und interagierender Schwingungsmuster. Unser physischer Körper ist quasi die Hardware und unser Energiekörper die Software. Früher waren Menschen noch in die Zyklen des Kosmos involviert und verstanden es, durch einheitliches Denken, Himmel und Erde zu verbinden. Doch heute sind wir quasi zu kosmischen Analphabeten mutiert.

Unser physischer Körper funktioniert durch die Schwingungen der Energie. Wird der Fluss dieser Energie in irgendeinem Körperteil gestört, kommt der Körper aus dem gesundheitlichen Gleichgewicht. Die dann auftretenden Störungen führen zu Krankheiten.

Wie oben erwähnt, hat mir die Erfahrung mit dem in meinen Armen sterbenden Kater Max klar gemacht, dass wir elektrische Wesen sind. Im Körper kommunizieren Millionen von Nervenzellen untereinander und mit dem Gehirn. Diese Zell-Kommunikation erfolgt durch elektrische Signale. Im Buch *Gesund ohne Medikamente* geht es vor allem um diese elektromagnetischen Signale bestimmter Wellenlängen, Skalarwellen genannt, mit denen ein Erfolg in der Diagnostik gelang. Am Körper werden sie schon lange gemessen, und zwar via EKG/EEG.

Die Seele, also unsere unsterbliche Existenz, wird oft auch als „Höheres Selbst" bezeichnet. Sie beinhaltet alle Gedanken, Gefühle und Wahrnehmungen und verbindet uns mit dem Ursprung allen Seins. Dass die Seele nach dem Sterben den Körper verlässt und fortlebt, ist für mich und für die Hälfte aller Witwer laut der fortlaufenden Studie von Judy und Bill Guggenheim, die mittlerweile mehr als zweitausend Personen umfasst, keines Beweises mehr bedürftig.

Doch dabei gibt uns die Frage nach dem Sinn und Zweck des wiederkehrenden Lebens zu denken. Wir wollen möglichst aus unserem Leben das Bestmögliche zutage fördern und Leid vermeiden. Hierfür ist es erforderlich, dass wir uns zuerst fragen, was das Optimale für uns ist. Wir sind alle mit bestimmten Vorlieben und Talenten auf die Welt gekommen. Wenn wir uns also unseren Anlagen und Neigungen gemäß beschäftigen, machen wir etwas uns zuliebe. Und es ist entscheidend, dass wir zuerst einmal uns lieben. Dann steht einem friedlichen und freudvollen, mit Lust und Liebe ausgefüllten Arbeitsleben nichts mehr im Wege. Denn wenn wir uns und das, was wir tun lieben, können wir auch unsere Lebensgefährten, Kinder, Kollegen, Freunde usw. lieben, ohne den Drang, jemanden oder etwas ändern zu müssen.

Mit dem Ändern-wollen fangen schließlich die Probleme in Partnerschaften meist an. Wenn wir unseren Lieben nicht helfen, ihren eigenen Weg zu finden oder sie in eine Richtung manövrieren wollen, die wir gut finden, sammeln wir schlechtes Karma an. Und es wird gemäß dem Prinzip der Ursache-Wirkung in einem unserer nächsten Leben zurückkommen. Dann werden wir nämlich auf den falschen Weg geführt, der uns kein Glück verspricht. Wir haben es also selbst in der Hand und sind ganz und gar eigenständig mit unseren Taten für das Morgen verantwortlich. Was wir geben, ist auch das, was wir erhalten werden. Wollen wir Liebe in unserem Leben, lieben wir unsere Mitmenschen. Wollen wir ehrliche und aufgeschlossene Gefährten, treten wir Freunden mit Ehrlichkeit und Offenheit entgegen.

Gehen wir einmal davon aus, dass wir immer wieder reinkarnieren, um etwas besser zu machen, was im Vorleben nicht ganz so geklappt hat, wie wir es uns vorgenommen hatten. Dann sollten wir ein echtes Interesse daran haben, den gnädigen Schleier des Vergessens, mit dem wir geboren wurden und damit unsere Schatten zu lüften. Das könnte durch intensive Körperreinigung, Rückführungen in frühere Leben oder durch Tests mit der Wasserkristallfotografie geschehen. Mit der Wissbegier des Wissenschaftlers und dem Hang zum Geheimnisvollen können Sie das wunderbare Wirken geistiger Wesen im Wasser wahrnehmen.

Wir sind Künstler des Lebens, die Unsichtbares in Sichtbares verwandeln. Wenn wir uns für die wahre Größe unseres Herzens öffnen, geben wir günstigen Gelegenheiten Spielraum. Sie fallen uns dann einfach so zu.

## Wir leben als elektrische Wesen in elektrisch geladener Umwelt

Der Arzt und Biophysiker Luigi Galvani entdeckte durch Versuche mit Froschschenkeln das Zusammenziehen von Muskeln, wenn diese mit Kupfer und Eisen in Berührung kamen. Dabei stellte er ungewollt aus zwei verschiedenen Metallen, einem Elektrolyten (Salzwasser im Froschschenkel) und dem Muskel als Stromanzeiger einen Stromkreis her. Damit legte Galvani die Grundlage für die Entwicklung elektrochemischer Zellen.

Wenn wir und jeder andere lebende Organismus elektrische Wesen sind und in einer elektrisch geladenen Umwelt leben, bedeutet das, dass wir ein hochkomplexes Verbundsystem von Elektrizitätswerken sind. Mit jedem Gedanken produziert unser Gehirn elektromagnetische Impulse und leitet sie zur weiteren Umsetzung an unseren Körper weiter. Auch mit jedem Wort und jeder Handlung erzeugen wir Energie. Die nachfolgenden Worte und die sich regenden Gefühle, auch die Handlungen, sind die Reaktion auf die Gedanken. Wesentlich ist die Gedankenenergie. Den wenigsten ist bewusst, dass diese Energie keinesfalls nur unser ureigenes, innerstes Anliegen ist. Sie spielt sich alles andere als nur im Gehirn ab. Sie wirkt auch nach außen in alle Richtungen. Wenn unsere eigene Schwingung mit der ausstrahlenden

Energiefrequenz eines Gegenübers identisch ist, reagieren wir darauf. Wir erreichen also mit der empfangenen Energie Resonanz.

Unser gesamter Körper, die Zellen, das Gehirn und besonders unser Herz senden eine Anzahl von Schwingungen aus. Alle zusammen bilden das Energiefeld jeder einzelnen Person. Stimmt das Frequenzspektrum unseres Energiefeldes mit einem anderen Wesen überein, kommen wir mit diesem in Resonanz.

Mit allem, was wir ansprechen oder aufgreifen, lösen wir Resonanz aus. Oder wir reagieren weder auf Situationen noch auf Personen, weil deren Schwingungen nichts in uns auslösen, also keine Resonanz finden. Stimmt demnach die Wellenlänge – die Frequenz – nicht mit unserer überein, hat sie keine Anziehung und keine Wirkung auf uns.

Sie kennen das gewiss auch: Eine Person betritt den Raum und ist Ihnen auf Anhieb sympathisch. Oder Sie kommen an einen Ort, an dem dicke Luft herrscht und würden am liebsten gleich wieder umkehren. Wenn wir mit unserem Umfeld bzw. dem Partner auf der selben Wellenlänge liegen, stellen sich Hochstimmung, Lebensbejahung und Zuversicht ein. Ergänzen wir uns nicht auf ideale Weise oder mögen jemanden nicht, neigen wir zu Vorurteilen und nehmen besonders Informationen auf, die diese vorgefasste Meinung bestätigen. Einstein schrieb dazu: "Es ist einfacher, ein Atom zu spalten als ein Vorurteil."

## Wie entwickeln sich Weltsicht und Verhaltensweise?

Als elektromagnetische Wesen leben wir in einer Welt aus magnetischen und elektrischen Feldern. Dank unseres Nervensystems empfangen und verarbeiten wir bereits von frühster Kindheit an zahlreiche Informationen und Ansichten. Sie ergeben sich aus unserem sozialen Umfeld, besonders durch Ansichten, Äußerungen und Verhalten unserer Eltern, Geschwister und Großeltern oder anderen Verwandten. Später formen unsere Denkweise auch Kindergärtner, Freunde, Lehrer,

Vorgesetzte, Arbeitskollegen, Bekannte, Volksvertreter, Ärzte – momentan besonders Virologen – und nicht zu vergessen die Medien.

Alles hinterlässt einen Eindruck in unserem Kopf und lenkt unsere Moralvorstellung fortwährend in eine bestimmte Richtung. Alles, was wir erleben, beeinflusst unsere Gedankenform ergo unsere Schwingungsenergie. Letztere geben wir unablässig ab und empfangen genau die Energien, die wir bis dato durch unsere Denkweise aufgebaut haben und in der wir uns wohlfühlen.

Demnach wirkt sich laufend auf uns aus, wie und was wir sehen wollen oder müssen und wie wir uns dazu verhalten. Falsche oder überholte Überzeugungen aus Kindheit, Jugend, Schule und Beruf sowie das Verhalten der Partner in der Vergangenheit spielen heute immer noch eine prägende Rolle, wenngleich das Konditionieren Jahre oder Jahrzehnte zurückliegen können.

*Unsere Überzeugungen und Verhaltensweisen zeigen an,*
*wie und wo wir im Leben gerade stehen.*

Lassen wir uns permanent mit Negativem, Ablehnendem und Lebensverneinendem berieseln, vereinnahmt es uns auch. Zappen Sie mal die Sender Ihres Fernsehers: In nahezu jedem wird geballert oder Gewalt gegenüber Schwächeren in oft brutalster Weise dargestellt. Sollen Sie gar nichts Lebensbejahendes finden, lassen Sie den Bildschirm besser aus und lesen Sie ein gutes Buch oder hören aufbauende Musik. Denn wenn wir Liebe, Optimismus und Zuversicht empfangen, können wir diese auch verstärkend in uns aufbauen und weitergeben.

## Elektrisch verarbeitete Gedanken und Informationen

Vor mehr als sechzig Jahren erfand der US-Ingenieur Jack Kilby den integrierten Schaltkreis und legte damit die Grundlage für die Entwicklung von Mikrochips. Ohne sie wären Computer, Handys und an-

18

dere Geräte der Informations- und Kommunikationstechnik undenkbar. Mit Mikrochips können auch Medikamente langsam in die Blutbahn abgegeben werden. Experten warnen allerdings vor einem erheblichen Datenrisiko: Hackern ist es bereits gelungen, implantierte Mikrochips im Vorbeigehen zu knacken und an darauf befindliche Daten zu gelangen. Denn nur wenige Nutzer verschlüsseln Informationen, die auf ihren Chips sind. Wer sein mit einer speziellen App ausgerüstetes Handy über den implantierten Mikrochip hält, kann die Daten des jeweiligen Nutzers angezeigt bekommen.

Doch zurück zum Thema: Bedauerlicherweise sind wir größtenteils davon überzeugt, Urheber unseres Gedanken-Wusts zu sein. Entsprechend unserer Einbildungskraft setzt sich das Sammelsurium in uns bzw. in unseren Gehirnstrukturen fest. Getreu unserer festen Überzeugung – sei es nun Zuversicht oder unerschütterlicher Glaube oder Befürchtungen, Ängste und Minderwertigkeitsgefühle – stellt sich genau das ein, was der Energie unserer Überzeugung entspricht.

Der Kosmos, unser Umfeld, der Nachbar, die Verkäuferin im nächsten Supermarkt oder sonst irgendjemand reagiert auf unsere ausgesandte Energie und sendet genau diese zurück, ohne dass Zeit und Ort eine Rolle spielen.

Da unser Gehirn mit dem Körper und den Zellen elektrisch kommuniziert sowie Gedanken und Informationen elektrisch verarbeitet, sind wir empfindlich gegenüber elektromagnetischen Feldern. Ist unser elektromagnetisches Feld im Gleichgewicht, sind wir gesund. Ist es dagegen im Ungleichgewicht bzw. in Disharmonie, werden wir psychisch oder physisch krank. Zu viele Frequenzen können unsere Zellen vergiften, indem sie den menschlichen Körper und das Blut davon abhalten, Sauerstoff aufzunehmen. Man könnte so auch die Minimierung der Bevölkerung durchführen und es dann z. B. als Covid-19 darstellen, auch wenn es nichts mit einer Infektion zu tun hat. Das sollen übrigens einige Ärzte festgestellt haben. Und Massenmord bzw. sozial verträgliches Ableben soll ja bei einigen Psychopathen auch gewollt sein. Aber die Meinung, die Bevölkerung müsse reduziert werden, ist haltlos. Anstatt Freie-Energie-Projekte zu bekämpfen oder deren Erfinder zu beseitigen, wie ich in meinem Buch "*Wasser verbindet die Welten*" gezeigt habe, sollten sie gefördert werden. So könnten mehr Menschen existieren, ohne Hunger zu leiden oder in Kriege wegen der Ressourcen verstrickt zu werden. Die Angstmache wäre also unnötig.

Dennoch hat uns das Corona-Virus unsere Endlichkeit vor Augen geführt. Oder besser gesagt, wir wissen nun noch eindringlicher, dass wir besser natürlich leben und damit für ein starkes Immunsystem sorgen, das allen Krankheiten trotzt und schädliche Eindringlinge rasch und effizient beseitigt. Eine gesunde Lebensweise erlaubt es uns, auf unseren inneren Heiler zu vertrauen. Denn die Schöpfung ist vollkommen. Nur wir machen Fehler, die unter anderem auch zu Epidemien oder gar Pandemien führen können.

Wenn uns Furcht vor Krankheiten zu schaffen macht, atmen wir ganz langsam tief ein und aus. Denn je geringer unsere Atemfrequenz ist, desto ruhiger, länger und gesünder leben wir, da Krankheitskeime in sauerstoffreichem Milieu nicht überleben können. Lesen Sie am besten die Kapitel „*Angst lähmt und setzt unserer Geisteskraft zu*" und „*Wenn Angst das ganze Leben lähmt*". Besonders wenn Sie an Angst manifestierenden körperlichen Beschwerden leiden, wie Zittern, Herzrasen, Schwindel, Empfinden von Unwirklichkeit und Selbstentfremdung, Übelkeit, innere Unruhe, Unfähigkeit zu entspannen, Hitzewallungen, Muskelverspannungen, Konzentrationsstörungen, Nervosität, Schlafstörungen und Spannungskopfschmerz. Schützen Sie sich also, indem Sie sich via eigene Forschung, Literatur und Internet der Wirklichkeit unseres Seins stellen. Nichts in der Natur ist endlich.

Wovor sollten wir überhaupt Angst haben? Vor dem Leben oder dem Tod? Vor dem Prozess des Sterbens vielleicht, aber vorm Tod brauchen wir uns nicht zu fürchten. Ich habe zweimal selbst miterlebt, wie zwei geliebte Wesen ganz sanft in meinen Armen ihren Übergang von der irdischen in die höheren Frequenzebenen der geistigen Welt durchführten. Und beide spielen in diesem Buch eine wesentliche Rolle. Mein seliger Mann Claus-Peter und unser Hollywood-Kater Max. So ein friedliches Sterben wünschen wir uns alle. Aber vor etwas, das es gar nicht gibt, brauchen wir uns wirklich nicht zu fürchten. Denn in Wirklichkeit gibt es keinen Tod, wozu sollen wir dann Angst vor der Abberufung haben? Ohne leidigen Leib lebt es sich eh leichter. Unsere Macht ist es, angstfrei zu sein. Machtmenschen fürchten sich am meisten vor furchtlosen Menschen. Die Angst ist ihr Kontrollkapital.

Stellen wir uns also der Wirklichkeit unseres Seins. Stellen wir uns der Wahrheit. Die Wahrheit macht uns frei. Und um Wahrheit geht es in diesem Buch.

## II. MORPHISCHE FELDER & BEWUSSTSEINSWANDEL

Seit rund hundert Jahren vertreten viele Forscher den Standpunkt, dass sich entwickelnde Organismen durch morphische Felder, früher morphogenetische Felder genannt, formen. Dies sind quasi unsichtbare Entwürfe, die aus der Form des wachsenden Organismus hervorgehen. Beim Organisieren von Wahrnehmung, Verhalten und geistiger Arbeit heißen sie Wahrnehmungs-, Verhaltens- und geistige Felder. Wenn eine kritische Anzahl zu einem bestimmten Bewusstsein führt, kann diese neue Erkenntnis von Geist zu Geist kommuniziert werden.

Rupert Sheldrake legt in seinem Buch „Sieben Experimente, die die Welt verändern könnten" sieben Versuche nahe, mit deren Hilfe sich seine Hypothese bestätigen oder widerlegen ließe. Da ich stets Haustiere hatte, kann ich Sheldrakes Tests zum Prüfen der berichteten Fähigkeit von Haustieren, die Rückkehr ihrer Besitzer vor deren Ankunft zu spüren, bestätigen: Kater Carlo bewegte sich stets etwa eine Minute vor meinem Erscheinen oder dem meines Mannes zur Wohnungstür.

Wasser ist überall, auch zu zeitlich und regional schwankenden Gehalten in der Luft. Durch meine Wasserforschung denke ich, dass $H2O$ auch die Möglichkeit bietet, einen Gedanken zu übertragen, unabhängig davon, ob es sich um ein diesseitiges oder jenseitiges Wesen handelt. Wir erleben das ja oft bei Regen, dass wir dann aufnahmefähiger sind. Wir träumen auch öfter bei Regen von unseren Lieben, die in höheren Frequenzen im Jenseits schwingen.

*„Bei Pflanzen nennt man die Felder, die für die Entwicklung und Aufrechterhaltung der Körperform zuständig sind, morphogenetische Felder. Bei der Organisation von Wahrnehmung, Verhalten und geistiger Tätigkeit nennt man sie Wahrnehmungs-, Verhaltens- und geistige Felder. Bei Kristallen und Molekülen heißen sie Kristall- und Molekülfelder."* https://www.sheldrake.org/deutsch/morphische-felder

## Gedankenschwingungen und die Regel der Resonanz

Eine schlechte Handlungsweise kann man sein lassen, man kann sie bereuen, aber böse Gedanken gebären fortgesetzt böse Taten.

Leo N. Tolstoi

Die Funktionsweise der Resonanz ist auch das Prinzip von Aktion und Reaktion. Wir agieren und unser Umfeld – selbst in weiten Fernen – reagiert. Senden wir Dankbarkeit, Freude, Fülle und Harmonie aus, dann empfangen wir auch Dankgefühl, Freude, Wohlstand und Eintracht. Lassen wir ein Mangelbewusstsein zu, sind wir ständig missgelaunt und missgünstig, haben an vielem etwas auszusetzen, fühlen uns als Opfer und empfangen dann auch Mangel und Missgunst und bleiben darin gefangen.

Ein Großteil unserer Denkmuster, die in uns etwas in Gang gesetzt haben, kommen aus der Kindheit. Als Kinder neigen wir dazu, alles aufzunehmen und nachzuahmen, was bei unseren Eltern und Vertrauenspersonen Anklang finden könnte. Oftmals wollen die Kleinen gar diese Person sein. Gehirn und Herz von Kindern können schwerlich zwischen Sinn und Unsinn unterscheiden. Und obwohl bei Erwachsenen die bisherige Lebenserfahrung behilflich sein sollte, schnappen auch sie unbewusst eine Menge Unsinn auf und setzen diesen bei jeder passenden und oft genug auch bei unpassender Gelegenheit um.

Mitunter beeinflussen Gedanken die Gesundheit der Menschen in solchem Maße, dass sie weniger grübeln würden, wenn sie wüssten, wie sehr sie an ihren Gedanken leiden. Wir bestehen zu ca. 70 % aus Informationen speicherndem und leitendem Wasser. Das sollten wir uns immer wieder bewusst machen. Dabei hilft es, die Wasserkristallfotos von Seite 25 oder analoge im Netz anzuschauen. Gehen wir miteinander sanft um, sorgen wir für schön strukturiertes Körperwasser.

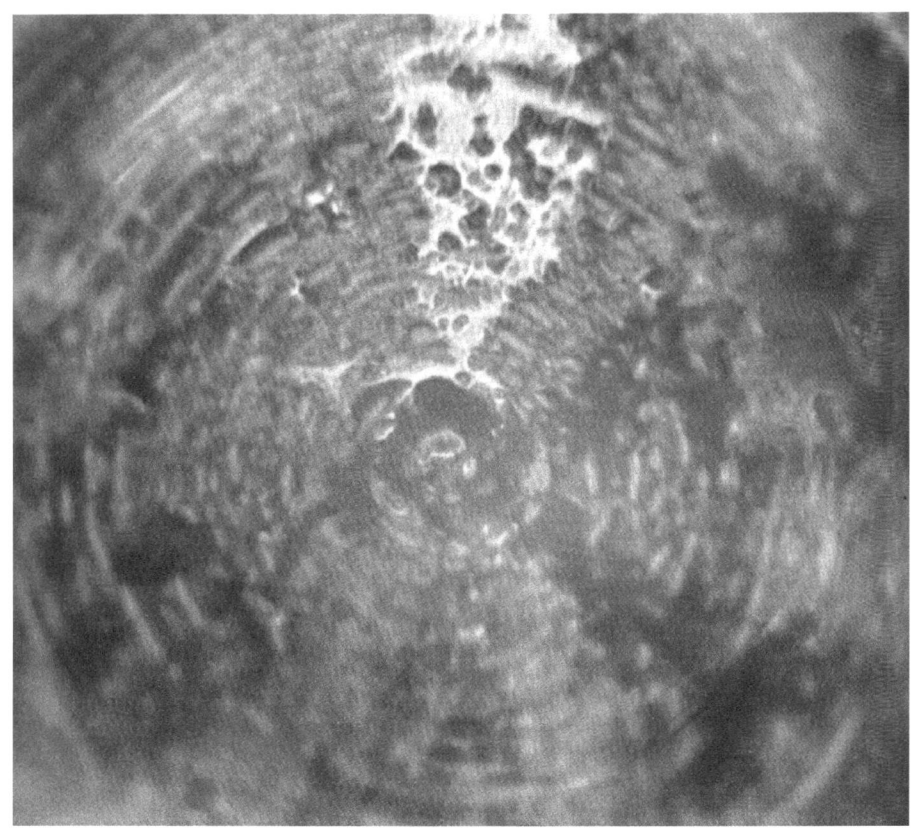

Wie Sie in meinen anderen Wasserbüchern und in den Büchern von Masaru Emoto sehen können, beeinflussen die Schwingungen von Fotos, Tönen, Schriftzügen und Gedankenschwingungen das Wasser. Wir wirken durch unsere Gedanken, auch durch die Musik, die wir hören und die Filme, die wir uns anschauen, auf unser Körperwasser ein. Hören wir Heavymetal-Musik, ziehen uns einen Krimi nach dem anderen rein oder betrachten andauernd die Schreckensbilder der Sensationspresse, bilden sich keine schönen Wasserkristalle.

Folgende Mikroskop-Fotografie eines gefrorenen Wassertropfens wurde vom Emoto-Team angefertigt, nachdem die Forscher neutrales Wasser mit Heavymetal-Musik beschallt hatten. Ein ähnliches Foto erstellten die Wissenschaftler mit neutralem Wasser, das sie mit den Worten *You fool!* (Du Narr) informierten. Dagegen generierten sie einen schönen Wasserkristall mit den Worten *Thank You!*

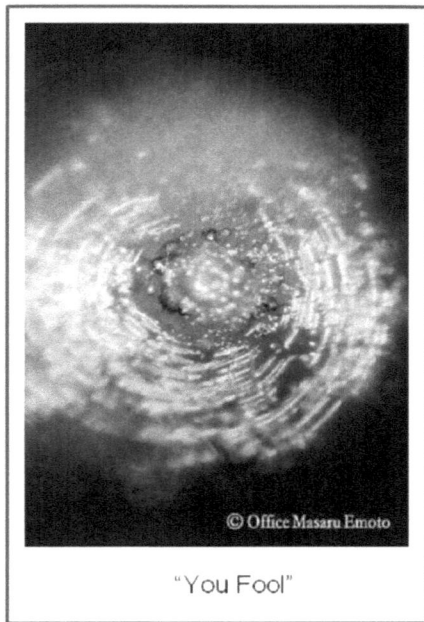

"You Fool"

"Thank You"

Wenn wir uns also Hardrock oder Heavymetal anhören, kann das auf Dauer genau wie negative Gedanken unser Körperwasser versauern und zu Krankheiten führen. Deshalb meiden wir besser z. B. den gestoppten anapästischen Beat, also zwei kurze Schläge, ein langer Schlag, dann eine Pause. Diese harmonische Dissonanz ist das genaue Gegenteil unseres Herz- und Arterienrhythmus. Wir genießen besser nur aufbauende, also Mut und Hoffnung machende Songs, schauen uns die Tier- und Pflanzenwelt an und denken an schöne Dinge.

Dr. John Diamond entdeckte mit dem kinesiologischen Muskeltest, dass die Muskeln beim Vorhandensein positiver, emotionaler, intellektueller und körperlicher Reize stärker werden und bei negativen Reizen schwächer. So stärkt ein Lächeln die Muskelkraft, während sie durch die Aussage "ich hasse dich," schwächer wird.

Diamond fand heraus, dass der gestoppte anapästische Beat sogar ein "Umschalten" des Gehirns verursacht. Und zwar dann, wenn die Symmetrie zwischen beiden Seiten des Gehirns zerstört ist. Dies führt zu Stress für den Körper und kann verminderte Arbeitsleistungs- sowie Lern- und Verhaltensprobleme bei Kindern und allgemeines Unwohlsein bei Erwachsenen hervorrufen.

Auch Dr. David Hawkins untersuchte die Auswirkungen verschiedener Arten von Musik mit Muskeltests: „Während praktisch alle klassische Musik und die meiste Pop-Musik, einschließlich klassischem Rock, eine allgemein starke Resonanz verursachte, führte der harte bzw. Heavymetal Rock zu einer allgemein schwachen Rückmeldung.“

Eine häufig beobachtete Erfahrung in Therapiegruppen und Kliniken ist, dass Drogenkonsumenten sich nicht erholen, wenn sie weiterhin Heavymetal Rock, Punkrock, Death-Rock und Gangster-Rap hören oder machen. Auch zeigten sie mehr Aggression und weniger Rücksicht auf Frauen.

In einer Studie mit Studenten fand Dr. James Johnson von der *University of North Carolina* heraus, dass das Hören von Rap-Musik die Toleranz und die Neigung zu Gewalt erhöht. Es fördert auch den Materialismus und verringert das Interesse an akademischen Studien und langfristigem Erfolg.

Forscher der *University of Maryland School of Medicine* in Baltimore konnten dagegen zeigen, dass die Emotionen, die durch freudige

Musik geweckt werden, gesundheitsfördernd für unser Herz-Kreis-lauf-System sind.

http://www.simonheather.co.uk/pages/articles/listen.pdf

Diese Studien weisen darauf hin, dass wir besser für ein gesundes, ergo strukturiertes Körperwasser sorgen. Dies geschieht wie gesagt durch positive, hoffnungsfrohe Gedanken und aufbauende Musik. Siehe hierzu auch das Kapitel *Musik, die auditive Abbildung seelischer Schwingungen.*

### Die Angst und andere antrainierte Denkmuster

Die Wirkung unserer konditionierten Sichtweise ist enorm. Sie spiegelt sich in den sonderbarsten Symptomen und Phänomenen wider, wobei die Angst vor dem Leben und dem Tod oder was in der Zukunft geschehen könnte, die vorrangigste Erscheinung ist. Wir werden meist unbewusst von Kindheit an darauf trainiert, Angst zu entwickeln, durch den dauernden Blick auf den nächsten Moment, genährt durch die Erinnerung an Vergangenes. Auch ich hatte früher oft Zukunftsangst, obwohl meine Oma Maria ein wandelndes Lexikon von Lebens- bzw. Bibelweisheiten immer sagte: **Sorgt nicht für morgen, denn der morgige Tag wird für das Seine sorgen.**

Andere Auswirkungen antrainierter Denkmuster sind Schuldgefühle, Hemmungen und Versagensängste, die Schuld ständig bei anderen zu suchen, Be- und Verurteilungen, sich alles bieten zu lassen, ohne sich mal energisch durchzusetzen, Konflikten aus dem Weg zu gehen, immer in der Vergangenheit zu leben, fortdauernd das Negative zu sehen, sich selbst nicht lieben zu können, aber anderen wieder und wieder Hilfe anzubieten, nicht im Stande zu sein, das eigene Leben neu zu gestalten, außerstande zu sein, Liebe weiterzugeben und dadurch Partnerschaften aufzubauen.

## Angst lähmt und setzt unserer Geisteskraft zu

Ob natürlich, künstlich oder manipuliert, das sogenannte Corona-Virus hat uns unsere Endlichkeit deutlich vor Augen geführt. Wir wissen, je natürlicher wir leben, desto besser sorgen wir für ein starkes Immunsystem, das allen Krankheiten trotzt und alle schädlichen Eindringlinge rasch und effizient beseitigt. Wie bei Viren üblich, breitet sich Covid-19 durch Kälte und Feuchtigkeit aus: Ischl war für 45 % deutscher Corona-Fälle verantwortlich. Die Übertragung von Viren im Allgemeinen ist in geschlossenen, kalten und feuchten Räumen besonders gefährlich, also auch in Schlachtereien. Da können sich viele Menschen einen grippalen Infekt, also eine Virus-Infektion, einfangen. Doch keine Angst: Eine gesunde Lebensweise erlaubt es uns, auf unseren inneren Heiler zu vertrauen. Denn die Schöpfung ist vollkommen. Nur wir machen Fehler, die auch zu Pandemien führen können.

Aber vielleicht ist Corona viel mehr als nur ein Virus. Es geht nicht nur um den Schutz unserer Gesundheit, sondern auch darum, die Bedeutung von Freiheit, Demokratie, sozial-wirtschaftlichem Miteinander und zwischenmenschlicher Beziehungen in die Waagschale zu legen. So wird die Zukunft zeigen, ob uns das Virus gesellschaftlich isoliert oder näher gebracht haben wird. Ob also die Entscheidung der Virologen zwischen den Überlebenschancen der Alten und den Zukunftschancen der Jungen die richtige war. Hätten wir alle schon einmal eine außerkörperliche Erfahrung gehabt und wüssten, dass es sich ohne den leidigen Leib wesentlich leichter lebt, würde den Entscheidungsträgern der Entschluss viel leichter fallen.

Problematisch ist: Pandemien führen zu Angst, Depression und Repression. Sie sind für Autokraten eine Chance, mehr Macht zu erlangen. Und eine Gelegenheit, andersdenkende AktivistInnen, z. B. wegen Verstöße gegen Quarantäne-Auflagen reihenweise verschwinden zu lassen. Pandemien führen auch dazu, unsere Freiheit einzuschränken und Bücher zu unterdrücken, die dem medizinischen Mainstream nicht folgen bzw. nicht massenkompatibel sind.

In meinem Buch *WASSER VERBINDET DIE WELTEN* stelle ich im Teil *Paradigmenwechsel in der Energiegewinnung* eine Reihe von mit Wasser betriebenen Autos vor. Deren Erfinder wurden eingeschüchtert, bedroht, bestochen und wenn das nicht fruchtete, ermordet. Auch die dort noch anderen beschriebenen Arten der Energiegewinnung, die nach den Kenntnissen der tradierten Physik *nicht sein können,* würden den Produzenten fossiler Brennstoffe mächtig einheizen. Als Anfang des Jahres nach dreieinhalb Monaten zum ersten Mal seit fünf Jahren kein einziges Exemplar meines zweitbest verkauften Buches über den Ladentisch ging, wähnte ich schon der Pandemie folge nun die Unterdrückung, so wie nach der Spanischen Grippe die Bücherverbrennung im Jahre 1933. Sie mögen mich paranoisch nennen oder in die Schublade der Verschwörungstheoretiker stecken, doch Sie können nicht abstreiten, dass sich Geschichte zu wiederholen beliebt. Aber es wäre schön, wenn wir dieses Mal um die Repression herum kämen.

Ich fragte mich, wem das Buch ans Eingemachte gehen könnte. Vielleicht den Energie- oder den Mineralwasserproduzenten, denn ich gebe pH-Wert und Inhalt an Mineralien und Schadstoffen in den Wässern an. Auch die Webseite mit den diesbezüglichen Daten, auf deren Link ich im Buch verwies, war nicht mehr zugänglich.

Ohnedies rate ich meinen LeserInnen: Informieren Sie sich beim Abfüller Ihres bevorzugten Mineralwassers oder wechseln Sie die Wässer öfter, damit Sie nicht zu viel von einem bestimmten Schwermetall, Pestizid oder anderem Schadstoff auf Dauer zu sich nehmen. Am besten Sie erwerben ein Gerät zur Veredelung Ihres Kranwassers.

Urs Hornauer hat fast alle Wassergeräte getestet. Allerdings konnte er die neueren, auch die von mir verwendeten, in seinem älteren Werk noch nicht berücksichtigen (1988).

Eigentlich wollte ich das vermutete „Scheiterhaufen-Buch" neu auflegen und erst einmal die sowieso veränderlichen Inhaltsstoffe der Mineralwässer weglassen, um zu sehen, ob das der Grund war. Doch ich warte ab, ob es weiterhin gedruckt und vertrieben wird. Books on Demand druckt jedes Buch erst nach der Bestellung. Wenn ich ein Buch fertiggestellt und bei BoD die Druckfreigabe gebe, fühlt es sich ähnlich an, wie wenn ein Kind das Elternhaus verlässt. Deshalb können Sie, meine Leser nun in diesem neuen Buch etwas über die Wasserkristall-Botschaften unserer Lieben auf der anderen Seite erfahren.

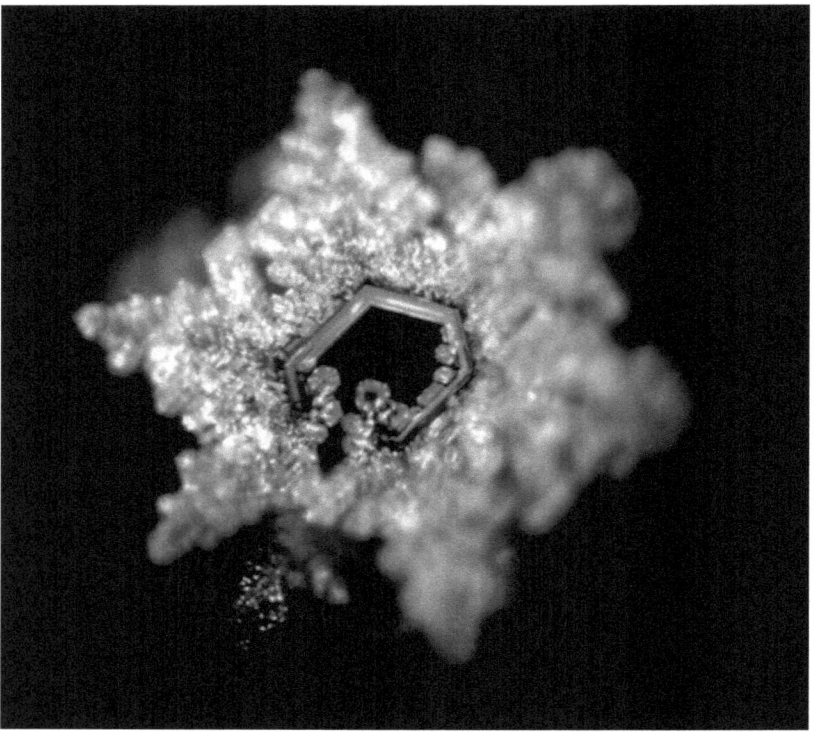

In Tests mit meinen Ex-Nachbarn konnte E. Braun einige Kleeblätter fotografieren. Csöpi sammelt sie in Mengen. Interessanter war aber obiger Kristall. An ihrem 39. Geburtstag schwebte eine Schneeflocke auf Csöpi zu, obwohl es an diesem 11.12. nicht geschneit hatte. Also glaubte sie, ihre verstorbene Mutter, die wusste, dass ihre Tochter den Schnee so sehr liebt, habe ihr dieses Geburtstagsgeschenk gemacht. Hat sie auch diese wunderschöne Schneeflocke kreiert?

## III. WIEDERKEHRENDE SCHWINGUNGEN DES SEINS

Zu keiner Zeit waren Astrologen, Philosophen, Physiker und andere Naturwissenschaftler mit den Erklärungen und Erkenntnissen von Energie und Schwingung zufrieden. Aber Wissenschaft ist ja sowieso immer nur der aktuelle Stand des Irrtums.

In diesem Buch will ich meine Wirklichkeit des Wassers aufzeigen. Bei den Wasserkristallfotografie-Experimenten können Sie erkennen, wie Energie, Wille und Wellenbewegungen zusammenwirken. Wenn Sie Symbole erkennen, die ihr Leben reflektieren, wird Ihnen eher bewusst, dass es sich um Botschaften von Ihren Lieben handeln könnte. Für mich ist das ganz klar, wie Sie noch im entsprechenden Teil lesen und noch mehr an den Wasserkristallfotos erkennen können.

Manche Tiere und vereinzelte intuitive Menschen können Schwingungen bzw. Energiefelder sehen. Sie können es lernen, wie ich weiter unten zeige. Apropos Tiere und Lernen. Meine Cousine Heide Bayer hat auch gelernt, sich mit Tieren zu verständigen. Das Kapitel „*Was hat Telepathie mit Wasser zu tun?*" des o. g. Wasserbuchs (2016) zeugt davon, dass sie sogar mit verstorbenen Haustieren kommuniziert.

Ende der 1980er-Jahre zeigte mir eine Freundin, die Kurse zum Schulen übersinnlicher Fähigkeiten gegeben hatte, ihre Aura. Sie unterwies mich, die Aura von allen Wesen zu sehen. In der Badewanne konnte ich auch schon öfter die Aura der Finger meiner Hände sehen.

In diesem Buch können Sie beim Betrachten der ausdrucksvollen Wasserkristalle Ihre Wahrnehmungsfähigkeit trainieren. Wir mögen zwar alle etwas anderes wahrnehmen. Aber wenn wir uns für das Wahrnehmen der eigenen Wahrnehmung sensibilisieren, könnte dann auch die Wissenschaft endlich erkennen, dass der Alleinanspruch der oft zitierten Objektivität auf wackligem Fundament steht.

Christian Morgenstern drückt es so aus:

*Es gibt kein Geheimnis an sich,*
*es gibt nur Uneingeweihte aller Grade.*

Es spricht also nichts gegen eine Einweihung durch das eigene Erleben. Wir sind Subjekte und damit sind natürlich alle unsere Sichtweisen subjektiv. Wie sollte es daher einen neutralen Standpunkt, also absolute Objektivität geben? Wir sind einzigartige Wesen, und wenn wir auf unsere innere Stimme hören bzw. uns leiten lassen, führt uns die Weisheit der Seele weiter.

## Schwingungsharmonie im Zeitalter des Wassermanns

*Alles, was besteht, ist belebt und beseelt, weil alles miteinander verknüpft und verbunden ist. Es gibt kein Gestirn, das nicht ein lebendiges Wesen wäre, das nicht eine Seele hätte.*

Johannes Keppler

Alles im All ist Energie ergo Schwingung. Alles ist beseelt. Wir schwingen und alles in unserem Umfeld schwingt. Durch die Schwingungsintervalle entstehen Frequenzen, die unseren Körper, den Geist und unser Wohlbefinden beeinflussen. Gesundheit basiert darauf, wie wir in den Rhythmus unseres Lebens reinkommen, wie gut wir mitschwingen.

In der Homöopathie werden die Schwingungen bestimmter Pflanzen auf den Menschen übertragen. Im Buch *Gesund ohne Medikamente* habe ich gezeigt, wie Frequenzen Abläufe im Körper scannen und in der Bioresonanztherapie ihn beeinflussen, um ihn umzustimmen, Gifte auszuscheiden und die Selbstheilungskräfte zu aktivieren.

Und denken Sie an die Abbildungsverfahren der Kernspin- oder Magnetresonanztomographie. Mit deren Hilfe können wir de facto jeden Bereich des Innenkörpers dreidimensional sichtbar machen.

Wir wissen heute aber auch eine ganze Menge über den Einfluss von Frequenzen auf Lebewesen und auf deren Wohlbefinden und Psyche. Vor allem die aktuellen Forschungen der Zellbiologie belegen: Wir sind nicht Opfer unserer Erbanlagen, sondern Mitschöpfer in jedem Augenblick unseres Lebens. Dabei gilt: Ungesunde Schwingungen machen uns auf Dauer krank, heilsame dagegen fördern unsere Gesundheit. Ziel ist dabei immer die Aktivierung des inneren Heilers und der inneren Selbstheilungskräfte durch *stimmige* äußere Impulse.

## Musik, die auditive Abbildung seelischer Schwingungen

Ein Roman ist wie der Bogen einer Geige und ihr Resonanzkörper wie die Seele des Lesers.

Stendhal

Nachdem alles Schwingung ist und alles, was mit Schwingungen zu tun hat, uns ein Leben lang begleitet, kommt der Musik eine besondere Bedeutung zu. Sie verbindet Körper und Seele. Der Körper speichert Emotionen wie Liebe, Freude, Trauer, Angst oder Wut als Erfahrung. Musik kann augenblicklich auf Gefühle einwirken. Sie kann Emotionen auslösen, aber auch auflösen. Musik, die wir gerne hören, zeigt unsere Eigenresonanz an. Berühren uns Klänge unmittelbar, hat das in jedem Fall mit Eigenresonanz zu tun.

Jedes Individuum bringt seine eigenen Töne, seine eigene Musik mit. Wir haben somit die Möglichkeit, mit uns selbst und mit dem Allumfassenden in Resonanz zu gehen.

Die 1960 geborene Konzertpianistin, Klavierlehrerin, Astrologin, Numerologin und Reinkarnationsbegleiterin Saskia Horn ist bereits im Alter von vier Jahren auf die Schwingung gekommen, indem sie Klavierunterricht erhielt und ein Jahr später den ersten Auftritt hatte.

Vor einigen Jahren überraschte sie mich mit meinem ureigenen Ton. Diese Gelegenheit, *den eigenen Klang zu kennen, ihn zu summen, zu singen, mit ihm zu arbeiten und das Glück zu empfinden, die eigene Musik hören zu dürfen,* bietet Saskia Horn auch Ihnen, meine LeserInnen. Aber noch mehr eröffnet die Seelenmusik, die ich seit ein paar Tagen täglich höre, Dimensionen, die mit Worten schwer zu beschreiben sind. Zudem setzt sie Selbstheilungskräfte in Gang.

Sie mögen nun fragen, wie klingt denn meine Seele? Saskia Horn sagt: „Nun, sie klingt so, wie ihr JETZT seid - in diesem MOMENT. Wie BIN ICH in diesem MOMENT? Ausgeglichen, in Harmonie, in Balance, in Liebe, voller Freude, glücklich, zufrieden, geduldig ... wunderschön, nicht wahr?" Gerade höre ich meine Seelenmusik in dieser Stimmung und finde sie wohltuend. Aber als ich sie kürzlich vor meinem von MitarbeiterInnen des ARD-Nachtcafés angeregten Kurzurlaub hörte, fand ich sie gar nicht mehr so wohltuend wie zu Anfang. Denn ein Fernsehauftritt freut und stresst mich zugleich.

Auch wenn wir mal unglücklich, gekränkt, nervös, fahrig, launisch, ungeduldig, aggressiv, genervt, jähzornig oder frustriert, sind, um nur einige Befindlichkeiten zu nennen, werden wir Musik anders wahrnehmen. Unser Körperwasser reagiert übrigens auch auf unterschiedliche Klänge, wie das neutrale Wasser in den Experimenten des Emoto-Teams zeigen konnte. Es bildet herrliche Kristalle bei aufbauender Musik und unansehnliche Gebilde bei aggressiven, disharmonischen Klängen.

Wir sorgen daher besser für förderliche akustische Ereignisse und ein friedvolles Miteinander. Denn dann tun wir schon eine ganze Menge für unsere Gesundheit.

In der Musik geht es also wie in unserem Leben, um Konsonanzen und Dissonanzen, also um harmonische Zusammenklänge und um disharmonische, atonale Klänge. Unser ganzes Leben, alle Ereignisse und Erlebnisse bestehen aus genau diesen Klangverbindungen, dem Wechselspiel von Wohl- und Missklängen. Wir könnten auch sagen, ein Wechselspiel zwischen Spannung und Entspannung.

*„DU bist in diesem MOMENT eine wunderbare Geschichte, reich gefüllt mit Dissonanzen und Konsonanzen, eine Erzählung, vielleicht ein Krimi oder gar ein Drama … und all diese Geschichten haben ihre ganz eigenen Höhepunkte, ihren Zenit - in diesem Moment … und all das ist w u n d e r s c h ö n."*

Auf der Basis des eigenen Tons und dem daraus erfolgten inneren Impuls ist Saskia Horn fähig, Ihnen Ihre eigene, ganz persönliche Seelenmusik zu kreieren. In gewissem Sinne ist es, als würden SIE in all Ihren Schwingungen in die Hände der Pianistin fließen. Sie selbst bezeichnet es als eine Art „ES" – *ES fließt in meine Hände und spielt und kreiert sich durch denjenigen, den ich in diesem Moment empfange.*

Mit aufbauender Musik gehen wir mit dem Universum in positive Resonanz. Versauern wir dagegen mit *Heavymetal* unser Körperwasser, wie ich auf Seite 24 ff. zeige, wirkt sich das auch negativ auf das kosmische Gefüge aus. Ähnlich wie Mikrowellen, Elektrosmog, WLAN etc., die für einen Großteil unserer Krankheiten, vor allem Herzinfarkte und Krebserkrankungen verantwortlich sind.

Wenn wir unserer eigenen Melodie lauschen oder besser noch mit summen, können wir eine ganz wunderbare Folgeerscheinung erleben. Denn wir setzen damit unsere Selbstheilungskräfte in Gang. Und zwar bei jedem Hören oder Summen ein bisschen mehr. Sie können Ihre Seelenmusik auch beim Arbeiten abspielen, wie ich das gerade mache, beim Schreiben dieser Zeilen. Dabei fühle ich mich leicht und beschwingt und bin mit meiner Seele in Balance. Das merke ich daran, dass ich ruhiger reagiere. Wie z. B. als ich entdeckte, dass ich ein für eine bestimmte Zeit geplantes Webinar verpasst hatte. Eine Freundin hatte es mir empfohlen. Früher hätte ich mich geärgert, in der Annahme, mir wäre etwas Wichtiges entgangen. Doch nun denke ich, das war mir wohl nicht so wichtig, sonst hätte ich es nicht vergessen. Oder ich brauche es ganz einfach nicht. Vielleicht brauchte ich auch nur diese Erfahrung, um Ihnen die Wirkung der Seelenmusik zu demonstrieren.

Jedenfalls freut es mich, Ihnen mit diesen Zeilen Ihre ganz eigene Seelenmelodie vermitteln zu können. Oder vielleicht wollen Sie erst einmal, wie ich damals, Ihren unter numerologischen Aspekten von Saskia Horn ermittelten Ton zusammen mit der Interpretation Ihrer Person, Anlagen, Talente, Eigenschaften etc. erhalten. Dann melden Sie sich doch einfach per E-Mail bei Saskia Horn:

s-horn@seiho.de oder saskiahorn24@gmail.com

Sie freut sich auf Sie. Und ich würde mich über Ihr Feedback freuen: drmarianneemeyer@gmail.com

Die Numerologie fließt bei der Berechnung des Tones insofern mit ein, als die Numerologin anhand der Komponenten Geburtsdaten und Namen ein kleines Numeroskop erstellt und daraus die Zusammenhänge des eigenen Tones analysiert.

Nun noch einmal zu der am Anfang des Kapitels aufgezeigten Möglichkeit, mit uns selbst und dem Universum in Resonanz zu gehen:

In Saskia Horns Leben führte 1997 der Tod ihrer Schwester zur Transformation, zu ihrer spirituellen Berufung. Ihr Interesse für Reinkarnation, Wiedergeburt u. v. a. m. zeigte sich ebenfalls in sehr jungen Jahren und führte dazu, dass sie sich schon früh für Thorwald Dethleffsens Werke interessierte. Nachdem Saskia Horns Schwester gestorben war, begann sie genauer in sich hinein zu spüren und viel mehr zu improvisieren. Sie fühlt sich dabei wohl und ein Stück weit freier, als bei KonzertpianistInnen üblich, die mehr an das Notenbild und die Partitur gebunden sind. Sie merkt auch, dass da irgendetwas läuft, durch eine Art Kanal, wo sie andockt. Irgendwo aus dem Universum läuft es durch sie hindurch und es fließt etwas in ihre Finger, wo sie anschließend oft gar nicht weiß, was sie gespielt hatte.

Das kenne ich auch vom Schreiben. Und einmal habe ich vor zwei Zuschauern sogar einen Baum gemalt, weil ich kein Geburtstagsgeschenk für meinen Schwager hatte. Ich nahm einen Block und einen Pinsel und dann ging das genauso schnell wie bei dem Geistmaler Antonio Gasparetto, der in 2-3 Minuten einen Alten Meister malt:

www.youtube.com/watch?v=URM8KGpjztE

Immer wenn ich auf Menschen treffe, die behaupten, wir leben nur einmal oder sagen, nach dem Tod ist alles zu Ende, sage ich, schau dir mal das Video von Antonio Gasparetto an, der in Trance in rasender Geschwindigkeit *Originale* via verstorbene Maler malt, ohne zu schauen, manchmal auch mit den Füßen. Die Geisterkünstler nutzen das Medium als Kanal, um uns zu sagen: Schaut her, wir existieren immer noch! Und dennoch wollen die meisten Menschen diese Wahrheit einfach nicht wahrhaben. Ich ignorierte damals selbst, dass der Baum, den ich in etwa zwei Minuten gemalt hatte, möglicherweise auch gar nicht von mir war. Sie können ihn übrigens auf dem Cover von Familiencode sehen. Siehe Seite 118. Im Original ist er allerdings blau.

Aber nun zurück zu Saskia Horn:

Ein Jahr nach dem Tod ihrer Schwester konnte sie den Kontakt zu ihrer Seele herstellen und wusste, dass wir Menschen viele Leben leben. Sie weiß nun, dass wir in unserer *Lebensschule* viele Leben benötigen, *um Leben für Leben in höhere Dimensionen aufzusteigen.*

In eine dieser Dimensionen gelangte Saskia Horn im Jahre 2004. Bedingt durch das Unglück des Tsunamis in Südostasien hatte sie den unbändigen Drang, ein musikalisches Mahnmal zu setzen. Da im Fokus immer nur die Trauernden standen, wollte sie den Menschen gedenken, die gegangen sind und für all die vielen verstorbenen Seelen am Klavier spielen. Dieses Monument fand am 8. April 2005 in der Schweizer Kirche zu Emden statt: 24 Stunden nonstop mit eigenen Improvisationen am Klavier. *Ein bewegendes Ereignis, eine Initiation,* das die Pianistin neben ihrer konventionellen Konzerttätigkeit auf die Idee brachte, diese meditative Form der Improvisation auszubauen und zu verfeinern.

Auf folgendem Video erzählt die Pianistin von ihren Erfahrungen dieses Mahnmals, wie *es floss und floss und floss.* Es seien jede Menge und ausgesprochen einzigartige Energien bzw. Wesen anwesend gewesen, die sie im Innersten getragen hätten. In ihr sei etwas während dieser 24 Stunden passiert, das auf Anhieb eine Veränderung gebracht hätte. Die Opfer seien präsent gewesen. Berührend in jeder Weise, als seien sie Teil dieser Geschichte. Menschen hätten geweint, aber auch einen ganz tiefen Frieden gefunden. Die Musik habe sich unterschiedlich manchmal auf Einzelschicksale bezogen, manchmal auf Gruppen. Ganze Dörfer waren ausgelöscht worden. Diese Seelen waren sehr präsent.

https://www.youtube.com/watch?v=tbHyH8IZUEs

Seit diesem Ereignis veranstaltet Saskia Horn private und öffentliche Licht-Meditationen, sogenannte live improvisierte Klaviermeditationen. Aus diesen kreierte sie zusammen mit ihren Forschungen betreffend Schwingung, Klang und Frequenzen den eigenen Ton, den Klang eines Menschen. Und ebenso eignete sie sich an, auf Basis des Tones die eigene, ganz persönliche Seelenmusik einzuspielen.

www.livemeditation.de

# IV. DURCH DAS DUNKEL ZUM LICHT

Hier geht es um das Dunkel oder die Schatten unseres Lebens, um die dunklen Seiten. In unser aller Leben gibt es das Thema „Schuld", egal, ob es sich um kleine oder größere Schuld handelt. In der Vergangenheit haben wir uns über dieses Thema gern ausgeschwiegen. Da aber die Beschäftigung mit dieser Angelegenheit sehr befreiend sein kann, lohnt es sich, dass wir uns damit befassen.

Oft stellen wir bei intensiven Gesprächen, bei denen wir unsere dunklen Seiten aufdecken, fest, dass sich unsere Gesprächspartner dann auch öffnen und letztendlich erleichtert wirken.

Mitunter verdrängen wir die Schatten unseres Lebens oder spüren in bestimmten Situationen eine unerklärliche Gefühlsaufwallung, vielleicht wenn es in einem Buch oder Film um etwas schwer zu Ertragendes geht, das uns persönlich emotional stark berührt. Hierbei kann es sich auch um die Schatten vergangener Leben handeln. Dann haben wir durch ungute Handlungen schlechtes Karma hervorgerufen.

In Kapitel *Schattenarbeit ist auch Lichtarbeit* können Sie an einigen meiner früheren Leben sehen, wie gutes, schlechtes oder neutrales Karma sich auf mein jetziges Leben auswirkt. Neutral ist das Karma, das keine moralische Konsequenz hat. Weitere vergangene Leben finden Sie in meinem autobiografischen Roman *Familiencode.* Zuvor zeige ich Ihnen, dass Elektrizität und Wasser ebenso unergründlich sind wie alles Mystische. Hier können Sie jedenfalls einmal hinter die überkommene Physik schauen. Denn sie erklärt eben nicht, wie Elektrizität funktioniert und wer oder was das Wasser informiert. Dass es Informationen speichert, ist bekannt, nur wie das geschieht, darüber sind sich nur wenige Menschen im Klaren. Aber ich hoffe, dass ich meinen LeserInnen mit diesem Buch zur Erleuchtung verhelfen kann.

## Projekte der geistigen Welt

Haben Sie sich schon mal Gedanken gemacht, warum wir Elektrizität und Wasser nicht wirklich erklären können? Wir wissen, dass Strom aus der Steckdose kommt und Wasser Informationen speichert, aber wie es funktioniert, wer oder was hinter dem energetischen Prozess steht, ist den wenigsten bekannt. Aufgrund von Erfahrungen mit meinem verstorbenen Mann und den Verwandten und Freunden im Jenseits – durch Phänomene mit Elektrizität und jahrelange Tests mit der Wasserkristallfotografie – weiß ich, dass die geistige Welt da am Werkeln ist. Zumal viele der gefrorenen und mikroskopisch fotografierten Wassertropfen künftige Ereignisse abbilden. Vielleicht haben Sie auch schon unerklärliche Erlebnisse am PC oder mit Lichtquellen gehabt?

Wie ich in obigem Buch berichte, war ich im Alter von 22 Jahren nach einem Autounfall mit Gehirnerschütterung auf einer anderen Ebene des Seins gelandet und wäre dort liebend gern geblieben kraft der dort erfahrenen Liebe. 15 Jahre später im Pazifikküste-Städtchen Hermosa Beach nach einer Körperreinigung durch Verzicht auf tierische Produkte, Kaffee, Alkohol und Getreide sowie durch den Konsum wasserhaltiger Nahrung zeigte sich mir mein 1902 ausgewanderter Urgroßvater väterlicherseits (ein Familiengeheimnis) und erklärte mir, wie die geistige Welt, also unsere Verstorbenen im Jenseits in verschiedensten Projekten mit uns zusammenarbeiten.

Mir ist klar, dass jetzt einige meiner Leser das Buch weglegen werden und denken, die hat sie nicht alle. Doch die wenigsten werden Verwitwete sein. Denn laut der Guggenheim-Studie hatten etwa die Hälfte der über zweitausend verwitweten Teilnehmer Nachtodkontakte mit ihren Partnern. Und selbst die noch so rational-gesteuerten Menschen werden mir nicht erklären können, wie Elektrizität funktioniert. Dass sie funktioniert, ist uns allen klar. Aber wie – dahinter ist meines Wissens noch kein Wissenschaftler der westlichen Hemisphäre gekommen. In meinem Buch *WASSER VERBINDET DIE WELTEN* und im älteren Buch *WUNDERWESEN WASSER* finden Sie bereits einige Projekte, an denen Nikola Tesla, Wilhelm Reich, Viktor Schauberger, Stanley Meyer, Johann Tikale u. v. a. m. bewusst oder unbewusst in Zusammenarbeit mit Kollegen auf jener anderen Ebene des Seins arbeiteten, auf der wir uns alle nach dem Ablegen unserer fleischlichen Hülle einfinden, um erst einmal wieder ohne die Leiden des leiblichen Leibes weiterzuleben. Falls Sie sich über *Kosmische Energie in Technik und Heilung* informieren wollen, finden Sie hier die Kongress-Termine: www.borderlands.de/net_pdf/NET1120S34-37.pdf

Meine geistigen Kapazitäten reichen nicht aus, um Ihnen zu erklären, wie es möglich ist, dass der Skalarwellen-Analyse-Apparat, den ich im Buch *GESUND OHNE MEDIKAMENTE* vorstelle, in etwa einer Minute mehr als 200 Parameter testen kann. Doch gerade

*da die Skalarwellen mit dem gängigen physikalischen Verständnis unerklärbar ist, handelt es sich dabei um ein weiteres Angebot unserer Lieben im Jenseits, um uns zu helfen, unsere irdischen Leiden zu heilen.*

Und warum sollten wir es nicht annehmen? Einige Geräte zur Veredelung des Wassers und die Homöopathie sind ebenfalls solche Projekte. Vielen Menschen haben durch sie Hilfe bekommen. Doch können Sie erklären, warum Wasserveredelung und Homöopathie helfen? Aber dass sie hilft, wissen auch immer mehr Ärzte und Tierärzte.

Selbst wenn Sie nun Placebo, den treuen Diener des Vertrauens ins Feld führen, kann ich nur sagen, wer heilt, hat recht. So gibt es auch immer mehr Heilpraktiker und ganzheitlich praktizierende Ärzte, die mit den auf Skalarwellen basierenden Analyse- und Therapiegeräten arbeiten. Denn sie wissen, dass ihnen die Skalarwellen-Analyse in maximal 90 Sekunden bis ins Kleinste mitteilt, welche Vitalstoffe ihren Patienten fehlen, welche Schadstoffe sich im Körper befinden, auf welche Stoffe sie allergisch reagieren, welche Organe schwächeln und vieles andere mehr.

41

Ich bin froh, Sie über dieses Geschenk des Himmels informieren zu können. Allein, wenn ich an all die Menschen denke, die z. B. wegen ihrer inneren Unruhe und Gereiztheit von Arzt zu Arzt hetzen und keine Hilfe erwarten können, weil die wenigsten Mediziner auf die Idee kommen, z. B. den Vitamin-B-Status zu kontrollieren. Allenfalls checken sie den Vitamin-B-12-Level. Aber auch der Mangel an anderen Vitaminen der B-Komplex-Gruppe kann das Nervensystem negativ beeinflussen. Bei psychischen Problemen empfehle ich daher grundsätzlich den schnellen und preiswerten Test mit den elektromagnetischen Wellen. Falls sie keine damit arbeitenden Ärzte oder Heilpraktiker finden können, rate ich zu einem Labortest für Selbstzahler.

## Schattenarbeit ist auch Lichtarbeit

Es ist enorm wichtig, dass wir unserem Schatten auf die Spur kommen. Denn nur wenn wir unsere Dämonen kennen, können wir sie bekämpfen. Unbewusste oder zum Teil bewusste Persönlichkeitsanteile werden häufig verdrängt. Doch wenn wir etwas von uns verdrängen, führt es ein Schattendasein und meldet sich dann als Verstimmung, Blockade oder gar Krankheit. Um wieder in Harmonie bzw. ins Gleichgewicht zu kommen und ganz zu werden, integrieren wir besser alle fehlenden Teile.

Es war vor allem der schweizerische Psychiater Carl Gustav Jung, der sich mit der versteckten Seite der menschlichen Psyche befasste. Da wie gesagt das Mysterium unserer dunklen Seite für die meisten Menschen im persönlichen Unbewussten verborgen liegt, ist die Schattenarbeit zugleich auch Bewusstwerdungsarbeit am persönlichen Unbewussten. In Jungs analytischer Psychologie kennzeichnet der Schatten die Gesamtheit individuell und kollektiv-unbewusster Anteile des Ich.

Mir kam in diesem Zusammenhang der Gedanke: Hätten die Deutschen nach dem Ersten Weltkrieg ihre Gefühle von Scheitern, Verlust, Sich-klein-Fühlen und Sich-gedemütigt-Fühlen zulassen können, hätte Hitler in Deutschland wohl keine Chance gehabt! Das enorme kollektive Bedürfnis, diese Gefühle zu überwinden, hat vermutlich erst dazu geführt, dass so viele Menschen offen waren für Schwingungen, die von diesen ungeliebten Gefühlen der Niederlage ablenkten. Die heutige Generation scheint so manche dieser verdrängten Gefühle aufzuarbeiten, also nicht mehr zu verdrängen.

Und das ist auch, woran wir arbeiten sollten, nämlich dieses Nichtfühlen-Wollen unserer Schatten und den Glauben, dass diese ungeliebten Gefühle schlecht sind, zu überwinden. Wie integrieren wir also unsere Schatten? Zuerst gilt es, unser Nicht-fühlen-Wollen zu erforschen, um es uns dann nachvollziehbar anzueignen, um es bewusst fühlen zu können. Bei mir war es so, dass mir die Schatten meiner vergangenen Leben im Traum gezeigt wurden. Allerdings nur die Konsequenzen, also die Strafen meiner Taten, nicht die etwaigen Vergehen selbst. Nur einmal, in einem dreimonatigen Blockseminar zur Entwicklung der psychischen Fähigkeiten sah ich mich nach einer Meditation mit der Hellseherin Taryn Krivé als römischer Legionär, der einer Kurtisane, die ihn ständig wegen seiner geringen Größe hänselte, mit einem Schwertstreich die Brüste abschlug. Durch diverse Übereinstimmungen von persönlichen Besonderheiten und Beziehungen muss es sich beim Opfer dieses früheren Lebens um meine Mutter gehandelt haben. Sie schenkte mir ein Leben lang Dinge, die ich nicht mochte. Und während unseres diesmaligen sechzigjährigen gemeinsamen Lebens erfuhren wir eine Synchronizität nach der anderen, sodass ich mir ziemlich sicher bin, dass wir vor rund 2000 Jahren wirklich schon einmal ein gemeinsames Leben hatten. Mit dem Begriff *Synchronizität* beschrieb Carl G. Jung eine Reihe von Zufällen, die so intensiv sind, dass sie nicht mehr als reine Zufälle betrachtet werden können.

Um Karma geht es auch, wenn wir unsere Schattenteile integrieren wollen. Da ist es wichtig, unsere gegenwärtigen inner- und außerfamiliären Beziehungen unter die Lupe zu nehmen. Mir hat neben den Träumen vergangener Leben auch Richard Rudds Buch „Die 64 Genschlüssel" geholfen, vergangene Lebenserfahrungen in meine gegenwärtigen einzuordnen sowie Talente, Charaktereigenschaften und Aufgaben zu erkennen. Am meisten konnte ich durch die Rückführung in frühere Leben von mir erfahren. Z. B. hatte ich in einem Traum als Quäkerin mit meinem Mann und zwei Kindern in einem kleinen Haus mit winzigen Fenstern in Amerika gelebt. Als ich Peter kennenlernte, hatte ich schon drei Wohnungen bzw. Zimmer bezogen: mit großen Fenstern. Auch Peter hatte immer Wert auf helle Räume mit großen Fensterfronten gelegt. Später kam heraus, dass wir dieses Leben vor fast einem viertel Jahrtausend gemeinsam führten. Was ja auch unsere sofortige Vertrautheit erklärte. Allerdings verlor ich meinen Mann und meine Kinder ihren Vater sehr früh, als er im Unabhängigkeitskrieg fiel. Diesmal hatten wir keine Kinder und waren fast vierundvierzig Jahre vereint.

In einem anderen Traum war ich ein männlicher, englisch sprechender Schauspieler in einem Hotel wohnend. Durch den zweiten Mann meiner Freundin, den Schauspieler John Hudson, lernte ich Jocelyn Brando kennen, die damals nicht mehr als Schauspielerin, sondern als Therapeutin arbeitete. John meinte, Jocelyn und ich würden auf derselben Wellenlänge schwingen. Ich sollte sie unbedingt kennenlernen. Bei ihr lernte ich zwei Schauspielerinnen kennen, die mich zu ihren Schauspielschulen mitnahmen. Die Ex-Schwiegertochter von Yul Brynner, Linda Ridgeway Whitedeer, mit der ich öfter in den Santa-Monica-Bergen wanderte, meinte, ich sei so natürlich und spontan und wäre sicherlich bravourös als Mime. Obwohl ich keine große Lust auf eine solche Karriere hatte, schaute ich mir die Institute meiner Freundinnen an und entschied mich, mal Sharon Chatten's Actor's Studio in

Brentwood auszuprobieren. Als Sharon mich nach vier Wochen mehr lobte als Muriel Hemingway und Chris Lawford, dem Neffen von J. F. Kennedy, hörte ich auf und sparte die 140 Dollar für den Folgemonat. Ob bewusst oder unbewusst hatte ich mir damit das frühere Leben als Schauspieler bewiesen. Damals wusste ich nicht, dass ich auch noch mit dem schauspielerischen Naturtalent Doris Day verwandt bin. Sie hatte nie eine Stunde Schauspielunterricht und drehte 39 Filme. Weitere Synchronizitäten waren, dass Doris eine Freundin der Lawfords und auch der Casedys war, die nur drei Häuser von uns entfernt im kalifornischen Encino wohnten.

Als Kind hatte ich den Traum eines sehr schweren vergangenen Lebens. Ich war eine außergewöhnlich schöne blonde Frau, die auf einen schäbigen Leiterwagen geschubst wurde. Das war vermutlich der Grund, weshalb ich mich in diesem Leben in jungen Jahren als hässliches Entlein fühlte. Tagelang noch setzte mir die nächtliche Vision und das Empfinden dieses schrecklichen Lebens zu. Erst viel später begriff ich bei der Vorbereitung eines Feuerlaufs in Venice Beach, dass ich damals auf dem Bollerwagen kurz vor einem grausamen leiblichen Ende stand. Ich hatte in diesem Leben immer mal wieder Schmerzen, als ob mir eine Hiebwaffe in den Unterleib gerammt würde. Auszug aus *FAMILIENCODE* (Feuerlaufvorbereitung):

*Wir waren angehalten, bestimmte Meridianpunkte zu drücken, um nach schmerzvollen Blockaden zu suchen. Das etwaig gespeicherte Leid aus früher Kindheit oder vergangenen Leben sollte durch Schreien freigesetzt werden. Ich glaube, ich wurde gepfählt und habe diesen erinnerten Schmerz wieder erlebt. Warum hätte ich sonst so schrecklich geschrien?*

Als mich meine hellsichtige Freundin Carole Madrid in Los Angeles besuchte, hatte ich mit meiner mütterlichen Freundin Hilde einen Termin und deshalb Carole einfach zu ihr mitgenommen. Hilde bot uns Tee an.

Während Hilde in die Küche ging, kamen wir langsam durchs Kaminzimmer hinterher. Entschlossen ging Carole zum Kaminsims, ergriff die hölzerne Madonna und legte sie mir in den Arm. Sag mir, was Du fühlst! Ich schluckte. Meine Augen füllten sich mit Tränen. Ich gab Carole die kleine Statue zurück und ging Richtung Fernsehzimmer.

Während meine Freundin die Madonna zurück auf ihren Platz stellte, sagte Hilde: Das Northridge-Beben hat sie vom Kaminsims geschleudert, aber sie hat keinen einzigen Kratzer bekommen. Traurig und verstört sank ich auf die gemütliche Couch und knabberte an meinem Schokoladen-Eclair. Carole ließ mich in Ruhe essen. Aber als wir beim Hinausgehen wieder am Kamin vorbeikamen, legte sie das ca. 25 cm hohe Schnitzwerk in meinen Arm.

Salzige Rinnsale liefen über meine Wangen. Sag mir, was du fühlst. Trauer ... Leid ... tiefe Traurigkeit. Carole sagte leise: Dies war das Einzige, was die Besitzerin ihrer lieben Verwandten hinterlassen hatte. Die Umstände waren untröstlich.

Zurück in Encino, holte Carole ihre Massageliege aus dem Auto und stellte sie in unserem Wohnzimmer auf. Ich gebe dir eine Meister-Reiki-Behandlung. Sie nahm ein paar Steine aus einem Beutel und legte sie auf bestimmte Energiepunkte. In ihrer Funktion als Reikimeisterin und Hypnosetherapeutin gab sie mir eine von drei 3.-Grad-Einweihungen. In der folgenden Nacht hatte ich einen Traum, in dem ich wieder die schöne Blondine war, die bei der vormaligen nächtlichen Vision auf einen Leiterwagen geschubst wurde. Damals drückte mich noch tagelang das traurige Gefühl dieses Erlebnisses nieder. Dieses Mal fühlte ich mich unbelastet und frei. (Meyer 2016, S. 172)

Warum war ich nur so fröhlich? Weil ich endlich erkannte, warum Hilde mir vom ersten Tag an so vertraut war. In diesem Traum war ich ihre jüngere Schwester, die ich mein Leben lang gepflegt hatte. Sie lag ganz klein in einem riesigen Himmelbett auf weißen Federkissen. Ich stahl die Madonna aus der Kirche. Da meine Schwester nicht in die Kirche kommen konnte, dachte ich, die Madonna könnte ihr helfen, wenn ich sie nach Hause brachte. Doch deshalb wurde ich nicht abgeholt. Da ich keinen der Männer im Dorf ansah, ihre Frauen mich aber dennoch fürchteten, musste ich den Weg gehen, der in dieser Zeit vielen schönen Frauen vorgezeichnet war.

Wie ich in obigem Buch darlegte, sagte unser Freund, bei dem Hilde und ich uns in diesem Leben bei einer Neujahrsfeier kennenlernten, ihr seid wie Schwestern. Auch die Wahrsagerin, die uns an ihrer Tür begrüßte sagte: „*You are sisters, aren't you?*"

Bei einem Mittelalterfest ein Vierteljahrhundert später, während der traditionellen mittelalterlichen Prozession in der portugiesischen Kleinstadt Castro Marim fühlte ich wieder diese unsägliche Traurigkeit. Mehrere Trommelgruppen waren vorüber paradiert. Als rund zwei Dutzend Musikanten in braun-beigefarbenen Kutten trommelnd vorbei schritten, kam eine plötzliche Trauer über mich. Unaufhaltsam rollten Tränen über meine Wangen. Es waren wohl die Schwingungen des Trommelwirbels, die auch schon mehrere Jahrhunderte zuvor durch meine Venen hallten, als ich im Leiterwagen zu meiner Hinrichtung fuhr.

Wie ich in obigem Buch darlegte, konnten auch alle anderen Träume meiner früheren Leben zur Klärung meiner gegenwärtigen Handlungen, Besonderheiten, Talente, Ängste etc. beitragen. Meine wohl letzte Inkarnation vor dieser war die kürzeste, aber sie beeinflusst mein jetziges Leben am meisten. Und jeder, der mich kennt, sagt ja, das nehme ich Dir ab, dass Du noch den Schäfer-Jungen in Dir hast. Ich kann immer noch barfuß auf Steinen laufen, mache am liebsten alles auf dem Boden, z. B. bügeln oder Gemüse schnippeln und wenn ich irgendwo lange stehend warten muss, nehme ich irgendwann den für mich bequemen Kutschersitz ein. Viele andere Personen meines Alters können nicht einmal zehn Sekunden so sitzen.

Wenn wir also die Schatten unserer Vergangenheit ergründen wollen und damit selbst Schwierigkeiten haben, können wir das mit Rückführungen durch geeignete Psychiater bzw. Therapeuten leisten. In jedem Fall sollten wir stets auf sogenannte Zufälle achten und Menschen, die in unser Leben treten, immer danach abklopfen, ob sie als Mentoren fungieren. Vielleicht haben sie uns etwas zu sagen, können uns mit irgendetwas helfen oder uns in irgendeiner Weise weiterbringen. Wenn wir also mit offenen Augen durchs Leben gehen und stets auf die Schwingungen unserer Umgebung und unserer Mitmenschen achten, kommen wir in die Übung und werden ein Kanal für die geistigen Ebenen. Und wenn wir immer weiter üben, kommt es uns irgendwann ganz natürlich vor, bis das Spirituelle wieder lebendig in uns ist und aus uns schwingt.

In letzter Zeit, vor allem auch durch das Internet, kommen durch zum Teil erschreckende Postings die Schattenanteile vieler Zeitgenossen immer mehr zutage. Wenn sie aber unbewusst sind, gibt es noch andere Möglichkeiten, ihnen auf die Spur zu kommen, z. B. durch spezielle Coachings oder Hypnose. Dabei geht es auch wieder um das Verstehen, warum wir uns auf eine bestimmte Weise verhalten. Auch geht es darum, dass wir uns mit Empfindungen, wie Angst, Trauer, Wut oder Scham auseinandersetzen und alte Verhaltensmuster überwinden.

Eine weitere Gelegenheit, wie Schattenanteile an die Oberfläche drängen können, ist eine Reinigung des Körpers, z. B. durch Fasten. So war das bei mir 1987/88, als ich auf der kalifornischen Gesundheitswelle reitend auf Fleisch, Kaffee und Alkohol verzichtete und nur

Obst, Salat und Gemüse zu mir nahm. Wie gesagt, wurden durch eine Serie von Träumen, über die ich in *FAMILIENCODE* informiere, Erinnerungen an meine früheren Leben wach. Da ich im ersten und letzten Traum der barfüßige Schäfer-Junge war, der von Männern verfolgt und umgebracht wurde, gehe ich davon aus, dass dies meine letzte Inkarnation vor dieser war.

Weshalb mich die Männer verfolgt hatten, war mir direkt nach den Träumen nicht bewusst. Da ich im Alter von 11 Jahren bereits einen Altersstar entwickelt hatte, meinte mein verstorbener Mann, ich hätte wohl einem blinden Mann den Hut mit Geld gestohlen. Es könnte so gewesen sein, denn in meinem Astro Chart steht, dass ich in diesem Leben viele Verluste hinnehmen muss. Nach dem Auge-für-Auge-Prinzip scheine ich in diesem Leben mein Karma abgearbeitet zu haben. Denn wie im oben genannten Buch dargelegt, waren etliche Verluste zu verkraften. Oma Maria hatte immer wieder, ohne mich zu fragen, meine Kleider an arme Verwandte geschickt. Mein Freund fuhr mein Auto kaputt, der Nächste überredete mich zu einer Bürgschaft. Und dann gewährte mir mein Mann, dreimal in dreißig Jahren ein Millionenvermögen zerrinnen zu sehen. Da habe ich es nun hinreichend gelernt, Verluste hinzunehmen.

Gerade kam mir die Idee, dass meine Freundin und Autoren-Kollegin Barbara Simonsohn, die mich 1997 mit meinem Spirulina-Buch zum Windpferd-Verlag brachte, mir ja auch den Lektoratsjob beim Jim-Humble-Verlag verschaffte. Das war insofern auch für dieses Buch wesentlich, als mich Richard Rudds Buch „Der Goldene Pfad" zu seinem 728-seitigen o. g. Werk „Die 64 Genschlüssel" führte. Letzteres Buch hat auch mit unseren Schattenanteilen zu tun, die mit diesem Leben oder früheren Inkarnationen zu tun haben können.

Alle Erfahrungen aus früheren Leben in verschiedenen Körpern gehören zu unserem Karma. Sie stecken in unserem Erbgut und steuern indirekt unser Leben. Wie gesagt befinden sie sich in der sogenannten Junk-DNA, die den größten Teil unserer Genome ausmacht. Es geht darum, unsere dunklen Seiten zu erkennen und zu akzeptieren. Erst wenn wir diese in unser Leben integrieren, sind wir frei und sie steuern uns nicht mehr aus dem Dunkel heraus. Wenn wir sie hervorholen und für das Leben nutzen, können wir sie auflösen. Also hören wir besser damit auf, unsere Schatten zu verheimlichen. Hören wir auf, unsere dunklen Persönlichkeitsanteile, die wir gern vor uns und anderen verbergen und allenfalls bei anderen entdecken, zu maskieren: *Warum siehst du den Splitter im Auge deines Bruders, aber den Balken in deinem Auge bemerkst du nicht?* (Matthäus Kapitel 7,3)

Diesen Balken zu erkennen führt zum Ganz-Werden, zum Selbst. Das ist natürlich auch mit Scham verbunden. Aber es sind nicht nur unsere abgewehrten Triebe, die es zu heben gilt. Auch unsere Ziele, Ambitionen und Talente fristen ihr Dasein im Schatten und diese Schätze gilt es auszugraben.

Sie kennen das sicher auch: Sie haben schlechte Erfahrungen mit einer Person gemacht und sind immer in Erwartung einer Falle, wenn Sie mit der betreffenden Person zu tun haben. Oder Sie denken, dass sie mit Absicht schikaniert werden. Sie reagieren nicht cool und ärgern sich hinterher. So geht es mir übrigens öfters auf dem Postamt in Tavira, wo die Inkompetenz reiche Blüte treibt. Dort fällt mir oft hinterher ein, dass ich mich besser vor den meine Schatten hervorrufenden Stresssituationen wappnen muss, um in meiner inneren Mitte zu bleiben. Atemübungen, Yoga und Ausdauersport, die mir dabei helfen, heitere Gelassenheit auszustrahlen und in mir ruhen zu können.

Woher kommt nun das Böse im Menschen? Wir tragen alle Gut und Böse in uns. Welche Seite ans Tageslicht kommt, hängt von der Biografie, den Milieu-Einflüssen und *last but not least* von den Genen und den karmischen Verstrickungen ab. Bei Versuchen mit Babys zeigte sich, dass sie schon im Alter von drei Monaten Sozialverhalten erkennen lassen. Das lässt vermuten, dass unsere Genome maßgeblich über Gut und Böse entscheiden. Ist damit der alte Streit entschieden, was unser Sozialverhalten vornehmlich formt, Umwelt oder Genetik? https://www.welt.de/wissenschaft/article1847275/Werden-wir-bereits-boese-geboren.html

Einige Menschen, zu denen ich gehöre, sind zumindest zu Zeiten in der Lage, in die Vergangenheit und Zukunft zu blicken. Oder besser gesagt, das, was wir Vergangenheit und Zukunft nennen, denn alles geschieht im Jetzt. Manchmal reise ich auch spontan von einer Dimension in die andere. So wie es mit der Relativität der Zeit ist, steht es auch mit Gut und Böse.

Jeder Kulturkreis legt sich auf erwünschte und unerwünschte Verhaltensweisen fest. Unerwünschte wandern in den Schatten, erwünschte schaffen es ins Leben. Machen wir uns aber den inneren Zustand nicht bewusst, verursacht es im Außen Karma. Denn

*Verdrängtes projizieren wir gern auf andere, wo wir es dann bekämpfen. Verdrängt ein Mann z. B. seine Homosexualität, kann es sein, dass er gegen Homosexuelle zu Felde zieht.*

Verdrängtes ruft auch eine Schattenwelt ins Leben, wo verdrängte Teile wieder ausgelebt werden. Denken Sie nur an besonders sittenstrenge Gesellschaften, wo die Moral geradezu den Missbrauch schafft. Wo unentwegt Feindbilder geschaffen werden, boomen Pornoindustrie, Sex- und Abtreibungstourismus, sexueller Missbrauch in kirchlichen Einrichtungen und Quälerei.

Unsere kulturellen Schatten verhüllen unzählige Untaten, die es aufzudecken gilt, um die innere Kraft wieder fließen zu lassen. Aber es sind nicht die Verfehlungen des Einzelnen, sondern das Scheitern des Systems, das Menschen zwingt, Persönlichkeitsanteile zu verdrängen, und damit das Böse erst schafft.

Doch wie kommen wir dem Schatten auf die Spur, wenn er uns gar nicht bewusst ist? Dies geschieht wie gesagt durch Projektion, indem ich meine Schatten bei anderen sehe. Alles, was uns bei anderen emotional bewegt, aufregt, ärgert oder nur beschäftigt, verrät, dass die Angelegenheit uns selbst betrifft. So können wir in unserer Gefühlserregung über ein Thema unser eigenes, also den eigenen verdrängten Schatten erkennen. Je mehr wir gefühlsmäßig bewegt sind, desto sicherer handelt es sich um eine eigene, nach außen projizierte Problematik. Wir sehen also unsere Fehler, Schwächen oder Unzulänglichkeiten, für die wir keine Verantwortung übernehmen wollen, außerhalb von uns und bekämpfen sie dort. Beispiele siehe Seite 57 ff.

Genau genommen sind wir gar keine Individuen, sondern Teil einer großen Seele, wie das vielleicht vielen durch die Corona-Krise bewusst geworden ist. Daher können wir uns auch am besten im sozialen Kontext von unserem Schatten befreien, weil er fast immer auch aus einem sozialen Zusammenhang entstanden ist.

## Wenn Angst das ganze Leben lähmt

Haben Sie das nicht auch schon erfahren dürfen, dass, wenn Sie selbst anderen gegenüber ihre Gefühle offenbaren, sich Ihre Gesprächspartner ebenfalls nur allzu gern öffnen. Sie wirken dabei oft geradezu befreit und bekennen sich ebenfalls. Und das gemeinsame Sondieren des noch nicht Erschlossenen ist ja auch ein wichtiger Schritt zur Erlösung. Wir können unsere psychischen Ängste bzw. unseren Schmerz besser auflösen, wenn wir die damit verbundene Thematik von verschiedenen Seiten beleuchten. Wenn wir sie ohne übertriebene Emotionen offenlegen und auch für die vorgeblich konträre Position eintreten können, haben wir uns schon so gut wie von unseren Schatten befreit. Dann erkennen wir in der Regel, dass die Angst vor dem Schmerz weit schlimmer ist als der Schmerz selbst.

***Das Sich-Öffnen und die Sicht der anderen können zu
Heilung, Wachstum und der Erlangung von
Selbstbestimmung führen. Wir können uns beschützt
fühlen, wenn wir uns verletzlich machen.***

Das erfahren wir auch in einer engen langjährigen Beziehung. Endet
sie, fühlen wir uns erst einmal schutzlos. So lange, bis wir uns wieder
anderen öffnen und sehen, dass wir mit unseren Problemen nicht allein
sind. Wenn wir zu unserer inneren Wahrheit stehen, egal wie verletzt
wir sein mögen, wird das immer zu Freude und Liebe führen.

Und was kann gegen die uns belastende und blockierende Angst im
Alltag helfen? Es ist die Angst, die uns davon abhält, klar zu denken,
zu handeln und Entscheidungen zu treffen. Sie raubt uns unsere Le-
bensfreude und lässt uns noch im Bett den täglichen Sorgen-Salat so
lange durchmischen, dass sie uns am Einschlafen hindert. Dabei fühlen wir uns meist hilflos unserer Sorge ausgeliefert. Ich erinnere nur
an die weltweite Angst, die das Coronavirus ausgelöst hat und hoffe,
dass wir das Schlimmste überstanden haben, wenn das Buch erscheint.
Im Rückblick auf frühere virale Infektionen und im Hinblick auf die
Zahl weltweiter Todesfälle durch andere Krankheiten könnte es frag-
lich sein, die gesamte Welt- und Finanzwirtschaft in eine Abwärtsspi-
rale zu treiben. Wir werden sowieso von Mikroorganismen beherrscht.
Denken Sie nur an die unser Immunsystem steuernden Darmbakterien.
Unsere Körperabwehr wird generell mit Viren besser fertig als mit
Bergen tierischer Fette, mit denen sich viele Zeitgenossen vollstopfen.

Kennen Sie das auch? Wenn wir uns vor einer Situation fürchten,
ziehen wir sie geradezu an. Sorgen und Gram erzeugen ein Gefühl,
das eine gedankliche Vorwegnahme potenziell gefährlicher Vorfälle
mitschwingen lässt. Die amerikanische Journalistin und preisgekrönte
Filmemacherin Barbara Gordon hatte ein Leben lang Angst davor gehabt, in der Psychiatrie zu landen, bis die selbsterfüllende Prophezeiung sie einholte und in die gefürchtete Anstalt brachte. (1983)

Als Kind hatte ich vor allen möglichen Insekten Angst. Und es schien so, als ob mich die kleinen Tierchen von allen Familienmitgliedern am meisten heimsuchten. Wann sich meine Angst vor Ohrenkneifern, Spinnen, Faltern und Libellen in Liebe verwandelt hat, weiß ich nicht mehr. Aber wenn ich heute jemanden nach Wespen schlagen oder mit der Fliegenklatsche hantieren sehe, wundere ich mich, dass mich die Flattermänner überhaupt nicht mehr stören. Sie tun mir nur leid, wenn sie verscheucht oder getötet werden. Ich spreche sogar mit Spinnen, Asseln & Co. Wenn ich Gäste habe, trage ich die Gliederfüßer und zusammengerollten Krebstierchen sogar auf der Hand hinaus.

Für viele Menschen wäre es auch beängstigend, wenn sie das erlebten, was ich mit meinen Lieben im Jenseits erfahre. Am 4.4.20 erlebte ich wieder so etwas. Meist kommuniziert die geistige Welt mit uns via Elektrizität und Wasser. Wie gesagt, wissen wir zwar, dass Strom vielfach funktioniert und Wasser auch erstaunlich viel kann. Doch ist es der etablierten Wissenschaft noch nicht gelungen, hinter das Geheimnis der Elektrizität und des wandelbaren Elements zu kommen. Weil viele Forscher die Existenz der anderen Welt außer Acht lassen. Hoffen wir, dass sie ihre Scheuklappen bald fallen lassen.

Allerdings hatte mein Erleben am Geburtstag von Lucie, der verstorbenen Frau meines Lebensgefährten, nichts mit dem bisher Erfahrenen zu tun. Es war manifester als die Computer- und Wasserkristallfoto-Botschaften. Die grüne 5-Liter-Glasflasche, in der ich Reserve-Wasser mit Silberionen speicherte, zerbrach einfach so und das nasse Element ergoss sich über den Küchenboden. Wäre dies nicht an Lucies Geburtstag passiert, hätte ich mir nichts dabei gedacht. Aber der einstig eingefleischte Putzteufel wollte mir wohl zeigen, dass meine Küche des Lappens bedurfte.

Dies geschah kurz nach dem Klingelgruß, den Lucie Maurits, mir und unserem Zahntechniker entgegenbrachte. Offenbar sollte ihr zweites Zugegensein den noch zweifelnden Maurits überzeugen. Natürlich informierte ich ihn gleich, da die Begebenheit sich alsbald nach dem Kauf der Orangenholzstatue vollzog: Da hatten wir beide einen Termin beim Wolfgang Spengler, der außer Dentist auch Bildhauer ist. Drei Jahre lang hatte Maurits mit der hölzernen Gandhi-Skulptur geliebäugelt, vor allem, weil er die Herausbildung des Kunstwerks mitbekommen hat, immer wenn er mit Lucie Wolfgang aufsuchte. Nachdem dieser am Boden der Statue seine Signatur eingraviert hatte, tönte plötzlich aus meiner in der Nähe des Ausgangs abgestellten Tasche der Wecker meines Smartphones. Da ich bis dahin den Wecker noch gar nicht benutzt hatte, sagte ich: „Welcher Geist war denn da am Werk?" Wollte Lucie ihr Okay zum Kauf geben? Oder sich einfach nur bemerkbar machen. Wir hatten ja zuvor über sie gesprochen, da Wolfgang, der sich auch schon von seiner ersten Frau durch Krankheit hatte verabschieden müssen, nichts von Lucies Transition wusste.

Wenn wir also auf solche Signale achten und die Liebe zu unseren Lieben in der anderen Welt weiter pflegen und natürlich auch die Liebe zu unseren diesseitigen Angehörigen, hat Angst kaum noch Platz. Durch solche Nachtodkontakte wollen uns unsere Lieben unter anderem mitteilen, dass wir froh sein können, wenn wir das *Jammertal* verlassen dürfen. Also: *No fear Mon!* Wie die Jamaikaner sagen.

Meine Hauptstrategien gegen Ängste sind die bewusste Konfrontation mit der Situation und Atemübungen. Ich stelle mir die widrige Situation bei vollem Bewusstsein ohne Panik vor und frage mich: Was ist das Schlimmste, das passieren kann? Wie würde ich zunächst handeln, was wäre mein nächster Schritt? Insofern bereite ich mich auf alle möglichen schlimmen Situationen vor und bin dann, sofern sie eintreten, gewissermaßen präpariert. Und selbst wenn meine Angst eintreten sollte, weiß ich, sie vorübergehen wird, dass ich sie überleben werde.

Sucht mich eine diffuse, unerklärliche Angst heim, lege ich mich auf den Rücken, linke Hand aufs Herz, rechte auf den Bauch, atme langsam in den Bauchraum und konzentriere mich nur auf meine Atmung.

Kommt eine angsteinflößende Situation auf, wenn ich z. B. mit dem Fahrrad auf einem einsamen Weg an einer Gruppe gefährlich aussehender Männer vorbei radle, sitze ich aufrecht selbstbewusst da und setze ein breites Lächeln auf. Dass ich meine Angst gewöhnlich weg lache, hat wohl mit einem Erlebnis zu tun, das ich als nicht einmal Einjährige mit meiner Mutter hatte. Auszug aus *Zugvögel auf Rädern:*

*Ich spiele mit meinen Sachen in heimischer Dunkelheit. Plötzlich öffnet das mir vertraute große Mädchen die Tür und schaltet das Licht an. Angst steigt auf! Wird sie schimpfen? Was soll ich tun? Zum Zurücklegen ist es zu spät. Wie hypnotisiert starre ich auf ihren Arm am Lichtschalter und halte die Luft an, als sie zum Schrank geht, um ein Handtuch herauszuholen. Beim Umdrehen entdeckt sie mich im Gitterbett sitzend. Ich bleibe sitzen und lache das mit dunklen Locken umrahmte schöne Gesicht lauthals an. Meine Mutter fällt in mein Lachen mit ein und überhört den von meinem Herzen purzelnden Stein. Sie sagt, leg dich jetzt hin und schlafe. Dabei schwingt in ihrer Stimme ein gewisser Stolz über ihr aufgewecktes, sich in der Dunkelheit nicht fürchtendes Mädchen mit* (S. 58).

Als ich meine Mutter fragte, ob sie sich daran erinnern kann, war sie völlig perplex, da ihr die geschilderte Anordnung der Möbel verdeutlichte, dass diese Begebenheit in der Wohnung stattgefunden haben muss, aus der wir auszogen, als ich noch kein Jahr alt war.

Angst zu haben ist okay, unsere Angst ist normal. Wir alle haben Angst und müssen lernen, mit ihr umzugehen. Sollten Sie eine unerklärlich extreme Angst z. B. vor Wasser haben, könnte sie genetisch bedingt sein. Vielleicht sind Sie in einem Ihrer Vorleben ertrunken.

Um diese Art Angst zu überwinden, könnte eine Rückführung bei einem Hypnose-Therapeuten hilfreich sein. Und sollten Angst- bzw. Panikattacken enorme Erschwernisse in Ihrem Leben hervorrufen, sollten Sie keinesfalls zögern, sich Hilfe zu suchen.

## Bewusstwerdung bedeutet, den eigenen Balken zu sehen

Immer wieder werde ich im Leben mit dem Thema Projektion konfrontiert. Wenn wir projizieren, bedeutet das in der Psychoanalyse nach Sigmund Freud, dass wir unsere eigenen Themen, Befürchtungen, Fehler oder Sorgen auf andere Menschen übertragen.

In der Zeit, als ich dieses Buch plante, traf ich mich mit einer gut situierten Frau, die ich zusammen mit Maurits kennenlernte. Als sie zum ersten Mal zu mir nach Hause kam, sagte Tamara: „Du müsstest Dir mal neue Gartenmöbel anschaffen." Ihre flapsige Bemerkung über meine komfortablen Wipp-Stühle aus massivem Alu im Bauhausstil, die mir hundertmal lieber sind als ihre unbequemen, zusammengezimmerten Holzbretter, machte mich sprachlos. Später, als ich meiner Schwägerin davon erzählte, rief Renate: „Gib sie bloß nicht her, die schaukeln doch so schön."

Als wir uns mal über die Flüchtlingspolitik unterhielten, sagte ich: „Ich hätte zwar auch die Grenzen für Familien geöffnet, wäre aber vorsichtiger bei alleinstehenden jungen Männern gewesen." Darauf sagte

Tamara: „Ich mag keine Menschen mit Vorurteilen." Ich erwiderte: „Vorurteile? Ich habe meine Marokko-Erfahrungen." Wochen später beschwerte sie sich über *die* Franzosen und Engländer, die immer so viel Dreck machen. Ich mag es nicht, wenn jemand vorschnelle Schlüsse zieht. Aber noch weniger mag ich, wenn eine Person sagt, was ich machen soll. Besonders wenn jemand mit einem 4-mal höheren Budget sagt, dass ich etwas kaufen muss. Ich fragte mich, ob ich mit der Frau je warm werde. Aber da sie mich stets zum Wandern in den Bergen anspornte, verabredeten wir uns doch immer wieder. Zumal Kreislauf und Augen davon profitieren. Ausdauersport und grüner Tee sollen sogar dem Grünen Star vorbeugen. Also schwieg ich oft, wenn sie etwas sagte, das konträr zu dem steht, wofür sie stehen will. Denn immer wenn ich es ansprach, schaltete sie in den Angriffsmodus. Aber froh machte mich das Schweigen mit nachherigem Reflektieren auch nicht.

Wir gerieten noch ein paarmal aneinander, wenn Tamara ihre Fehler auf meine Person projizierte. Oder hielten wir uns gegenseitig den Spiegel vor? Sie ist auch im Sternzeichen Schütze geboren und ich war vor Jahren ähnlich drauf. Doch seit ich im Schreiben meine Berufung fand, zeitigt mein Schütze-Naturell kaum noch Effekte. Deshalb riet ich ihr auch zum Schreiben, Malen oder Singen.

Einige Monate später kam Tamara zu mir nach Hause, da ich ihr Hupen überhörte. Sonst kommt sie kaum auf das Grundstück, da sie gegen Katzenhaare allergisch ist und bei mir einige Wildkatzen heimisch sind. Ich staunte nicht schlecht, als sie sagte: „Was für ein idyllisches Plätzchen. Das würde ich nie aufgeben. Du kannst ja einen Zaun drum machen, damit Tobi nicht wegrennen kann." „Ja, sagte ich, wenn ich das Haus kaufen könnte, würde ich einen Zaun drum machen. Aber momentan weiß ich noch gar nicht, ob ich hierbleibe oder nach Frankreich umsiedele.

Vor Kurzem gab ich Tamara dieses Kapitel zum Lesen. Daraufhin war erst mal einige Tage Funkstille. Am 4.1. morgens whatsappte ich:

Willst Du heute laufen?" Sie whatsappte zurück: „Meine täglichen Läufe führen im neuen Jahr in eine andere Richtung." Dann viel Spaß!

Sind Sie auch manchmal ganz verwundert, wenn Ihre Partner, Freunde, Verwandte, Kollegen … an anderen Personen kritisieren, was Sie an ihm oder ihr viel mehr tadeln könnten? So warf mir mein nicht mehr im Fleisch weilender Mann vor, ich ließe ihn nicht ausreden. Doch er fuhr mir oft ganz nonchalant mitten im Satz über den Mund.

Auch Maurits sieht seine Schwächen lieber bei mir als bei sich selbst. Ich sei vergesslich. Dabei erwische ich ihn oft dabei, dass er etwas vergessen hat. Z. B. seinen Rucksack im Lokal. Vor einigen Wochen kommt er von der Werkstatt zu mir gelaufen, weil er dort den TÜV und die Registrierung machen lassen wollte. Als er nach fast eineinhalb Stunden bei mir ankam, sagte er, wir müssen zur Werkstatt fahren. Ich habe vergessen, den Autoschlüssel dort abzugeben.

Auch sagt er immer wieder, ich solle nicht alles so schnell machen, doe maar *rustig*. Mach mal ruhig. Ja, ja, immer mit der Ruhe.

Auch am vorletzten Nikolaustag konnte ich Maurits mit seinem eigenen Balken konfrontieren. Hätte uns jemand am Spätvormittag in unserer herrlichen Klamotte mit dem Handy gefilmt, wären wir wohl zu YouTube-Promis avanciert. Wir sahen an einem Abfall-Container einen antiken Stuhl:

*Ich sage, ich schau mir den mal an und öffne die Beifahrertür. Als ich den Stuhl inspiziere, kommt Maurits hinzu, sagt, der ist nur noch Brennholz und zerlegt ihn mit einem einzigen Tritt. Plötzlich sagt er, was sind denn das für Leute ... fahren gegen die Mauer. Ich drehe mich um und renne dem Auto nach, das sich von uns wegbewegt und denke, das hat wohl jemand geklaut und hetze mit meinen Absatzstiefeln hinterher. Auf einmal merke ich, dass es sich ganz allein leicht abschüssig und zum Glück in Richtung eines Maschendrahtzauns bewegt. Ich versuche, es noch zu erreichen, bevor es aufprallt und rufe zurück, mach du doch mal, du kannst doch schneller laufen.*

Maurits hatte gar nicht gemerkt, dass es sein eigenes Auto war. Hinterher sagte er, ich hab gedacht, wieso kümmert sie sich, was die Leute machen. Seither zieht er immer die Handbremse an. Und wir haben stets etwas zu lachen, wenn wir an die komische Situation denken. Jedenfalls ist es ein Segen, dass wir meist auf kaum befahrenen Nebenstraßen fahren. Und mir ist nach diesem Erlebnis klar geworden, dass Maurits nicht minder vieles mit Schmackes erledigt und daher auch mal leichtfertig Fehler macht. Ich sage nur Splitter – Balken.

Eine Bekannte hatte noch einen weit größeren Balken, von dem sie absolut nichts zu merken schien. Ihr Mann erhielt schon in jüngeren Jahren wegen Mobbing am Arbeitsplatz Rente. Statt sich einen neuen Job zu suchen, werkelte er zu Hause mit Holz, das seine Frau mit Blumenmotiven bemalte. Sie verkauften es auf Märkten. B. fragte mich mal, was ich denn tun würde, wenn ich kein Geld mehr hätte. Ich sagte: „Ich würde versuchen zu arbeiten, aber in meinem Alter wird das schwer werden. Ich würde wohl auch mit etwas handeln. Habe ich als

Kind schon gemacht, als ich nach einem Tag Kartoffellesen meinen Vater angerufen hatte, um mich zu holen. Ich hatte eine bessere Idee für die Herbstferien-Arbeit. Am nächsten Tag ging ich mit meiner Freundin und Papas Dreiturm-Koffer zu allen netten Nachbarn unserer Straße und verkaufte Seife, Herdputz und andere Reinigungsmittel, Gesundheits- und Kosmetikprodukte. In einem halben Tag verdienten wir mehr als die Klassenkameraden in sechs Tagen. Jedenfalls würde ich nicht zum Amt gehen wollen, aber im äußersten Notfall müsste ich mich halt überwinden."

Nach meinem letzten Satz wäre die Frau fast ausgeflippt vor Empörung. Auch hatte ich sie auf meinen prophetischen Traum aufmerksam gemacht und gesagt, dass unsere Hündin Sandy wohl nicht viel älter als zwei Jahre alt wird, da mir im Traum ein französischer Polizist ein rotes Lederhalsband überreichte. Als wir dann vom Urlaub zurückkamen und ich ihr erzählte, dass Sandy überfahren wurde, war sie außer sich vor Zorn. Statt mit uns zu trauern, ließ sie sich in endlosen Schuldzuweisungen aus. Nicht allzu lange danach erzählte sie mir, dass ihre Hündin aus dem Auto gesprungen und auf die Straße gelaufen war, ohne dass etwas passierte. Ich sagte: „Da habt ihr mehr Glück gehabt als wir. In meinem Astral-Chart steht ja auch, dass ich in diesem Leben viele Verluste hinnehmen muss." Aber sie reagierte gar nicht darauf. Aha-Erlebnis Fehlanzeige. Als ich dann von einer Freundin hörte, dass Frau S. nach Jahren ihren großen Hund wieder an den Züchter zurückgegeben und sich ein oder zwei kleine Pudel gekauft hatte, war ich doch recht erstaunt, was die menschliche Psyche doch so an Verdrängung und Projektion leisten kann. Allerdings kann ich mich nicht mehr an ihr Motiv erinnern. Meine Persönlichkeitsstruktur ist auch kaum auf voreiliges Urteilen ausgerichtet. Wir haben alle unsere Gründe, weshalb wir etwas tun bzw. liegen diese Bewandtnisse in unseren Genomen verborgen. Dennoch werden wir unsere Handlungen selbst zu verantworten haben.

## Was verraten unsere Gene?

Wie schon gesagt, können unsere Handlungen genetisch bedingt sein. Das bedeutet, alles, was wir in früheren Leben getan und erlebt haben, ist in unserer nicht-codierten DNA, der sogenannten Junk-DNA gespeichert (Rudd 2015). Das jedoch streiten die Vertreter der Theorie, dass das Erbgut aus nutzlosem Müll besteht, ab. Da keine der Lager bislang zwingende Beweise vorbringen konnte, ist ein Ende des Streits offen.

Da forschen wir besser selbst. Denn die eigenen Erkenntnisse sind doch das, was wirklich Wissen schafft. Wenn etwas über Jahrmillionen hinweg bewahrt wurde, wird es wahrscheinlich auch eine Funktion besitzen. Wissen Sie beispielsweise nicht, warum Sie eine unerklärliche Angst vor Höhen haben, ist zu vermuten, dass Sie in einem früheren Leben abgestürzt waren. Dies könnten Sie durch eine Rückführung in Erfahrung bringen. Wollen Sie etwas über Ihre Genschlüssel erfahren, um Ihren genetisch vorgezeichneten Lebensweg zu finden, können Sie unter folgendem Link durch die Angabe von Geburtsort und -datum kostenlos Ihr hologenetisches Profil erstellen lassen.

https://genekeys.com/free-profile

Sie werden staunen, wie Seele streichelnd es sein kann, herauszufinden, wie Sie ticken. Wir wollen ja alle glücklich sein, aber viele von uns sind es ganz und gar nicht. Je nach Persönlichkeit bzw. genetischem Programm hält das Leben bestimmte Pech- oder Glücksfälle für uns bereit. Ob wir das Glück oder das Pech wählen, liegt an uns. Sind wir angstvoll, versagen wir, weil wir uns nicht trauen. Sind wir dagegen von der waghalsigen Sorte, verspielen wir alles, weil wir unvorsichtig sind. Ich denke, von beidem etwas zu haben. Aber zu einem Drittel würde ich mich auch dem beständigen, loyalen Typ zurechnen. Dieser bleibt in einer weniger geeigneten Situation, weil ihm oder ihr das gewisse Unglück lieber ist als das ungewisse Glück. Das alles geschieht unbewusst. Mitunter wird es uns am Ende unseres Lebens beim Rückblick bewusst. Doch um von Anfang an ein erfülltes Leben führen zu können, sollten wir erkennen, warum wir so sind, wie wir sind.

Ist Ihnen auch aufgefallen, dass in letzter Zeit immer mehr Menschen mit ihren Schatten aufräumen und eine Gesinnung entwickeln, die weniger auf Verdrängung basiert? Eine aufkeimende Tugend des Herzens spürten global viele Menschen, als Angela Merkel anordnete, Deutschlands Tore für die Flüchtlinge zu öffnen. Wie gesagt, aufgrund meiner jahrelangen Marokko-Erfahrung wäre ich bezüglich einzelner Männer zögerlicher gewesen. Aber ihr „wir schaffen das" weckte in vielen Herzen Vertrauen und den Willen, sich nützlich zu machen. Dies geschah auch auf die Initiative *Schulstreik für das Klima* der 16-jährigen Greta Thunberg. Auch Corona bietet diese Chance. Zumindest bietet die Krise eine gute Gelegenheit, unsere Gewohnheiten und Routinen zu überdenken und Veränderungen vorzunehmen.

In Millionen von Jahren unserer Fortentwicklung als Menschheit haben wir gelernt, dass wir kaum ganz allein leben können und wir von den anderen abhängig sind, wie sie auch von uns. Um diese Kultur gegenseitigen Vertrauens und Miteinanders zu vertiefen, plädiere ich für das globale, von traditionellen und ökonomischen Bedingungen jeweiliger Länder abhängige bedingungslose Grundeinkommen. Ein garantiertes regelmäßiges Einkommen würde soziale Sicherheit schaffen, motivieren, die Kreativität fördern, die Würde des Menschen schützen und soziale Ungleichheiten sowie die Migration eindämmen.

Dass dabei sogar der Arbeitseifer steigt, haben vor vielen Jahren bereits die Versuche unter Lyndon B. Johnson und Richard Nixon ergeben. Diese US-Präsidenten hatten seinerzeit das *basic income* bereits ausgiebig getestet. Dabei stieg die Produktivität um 30 %. Die meisten Leute legen sich also alles andere als auf die faule Haut.

Für ein globales, an die jeweilige ökonomische Situation angepasstes Grundeinkommen setzt sich eine ständig wachsende Anzahl von Menschen ein. Als ich vor Jahren den ersten Blog-Bericht über ein garantiertes Grundeinkommen schrieb, wurde dieses noch als Hirngespinst abgetan. *Heute ist es in aller Munde. Denn mehr als sechzig Jahre nach Herausgabe von Ludwig Erhards Buch "Wohlstand für alle" erleben immer mehr Deutsche, dass mit ihrem Arbeitseinkommen kein Wohlstand mehr möglich sein wird. Durch den Fortschritt in der Automatisierung wird es für Deutschland keinen anderen Ausweg mehr geben, als das bedingungslose Grundeinkommen einzuführen.*

www.marianne-e-meyer.com/2018/05/14/wann-kommt-das-bedingungslose-grundeinkommen

*„Folgend einige Promis, die Befürworter des bedingungslosen Grundeinkommens sind bzw. waren: Bürgerrechtler Martin Luther King, FB-Gründer Mark Zuckerberg, Psychoanalytiker Erich Fromm, Ebay-Gründer Pierre Omidyar, Vorstandsvorsitzender der Telekom Timotheus Höttges, DM-Gründer Götz Werner, Künstler Joseph Beuys, Eiskunstlaufikone Marika Kilius, Schauspieler Klaus Maria Brandauer, Soziologe Ralf Dahrendorf, Publizistin Gertrud Höhler ..."*

http://www.wirtschaft-fuer-grundeinkommen.com/supporters

Das Bürgergeld-System entfaltet in vielen Ländern bereits Wirkung und funktioniert in allen Gesellschaften. *„Es sichert überzeugend die Freiheit und die Würde jedes Menschen. Das Bürgergeld erwartet und unterstützt den Einzelnen dabei, Eigenverantwortung wahrzunehmen, seine Talente zu nutzen und in verantworteter Freiheit sein Leben und die Welt zu gestalten."*

http://www.solidarisches-buergergeld.de

Zu diesem Ergebnis waren die CDU-Politiker Dieter Althaus und Ronald Profalla bereits vor mehr als zehn Jahren gekommen, als sie die Vorteile des solidarischen Bürgergelds geprüft hatten.

## Auf geistige Botschaften achten

Wenn wir uns für die geistige Welt öffnen, wird uns ein unerschöpflicher Quell an *Wunder*, Liebe und Trost zuteil. Durch ihre Impulse können wir ein besseres und erfreulicheres Leben führen. Die Botschaften und Anregungen aus der geistigen Welt können höchst hilfreich und Balsam für die Seele sein sowie Heilung, Frieden und Verbundenheit schenken.

Irgendwann gehören wir ja auch wieder dieser geistigen Welt an, nachdem wir unseren Weg des jeweiligen Lebens gegangen sind bzw. unseren Plan ausgeführt haben, den wir für unser Leben durch unsere Schöpferkraft zuvor entwickelten. Dann freuen wir uns auch wieder, wenn wir den Menschen helfen können, sich für die Dinge zu öffnen, die unsichtbar sind. Und wir freuen uns, wenn sie die Botschaften und die *Wunder* als solche erkennen. Magische Kräfte sind doch auch nichts anderes als die nicht erkannte Wissenschaft.

Ich habe vor allem durch die in meinen Büchern „*Über den Tod hinaus*" und „*Sad News*" dokumentierte Nachtod-Kommunikation mit meinem Mann via Erscheinungen, PC, TV etc. erfahren, dass unsere in den höheren Frequenzebenen existierenden Lieben immer noch Anteil an unserem Leben nehmen. Da für sie im Jenseits Zeit relativ bzw. Vergangenheit und Zukunft eins sind, können sie sich bei uns melden, wenn irgendein besonderes Ereignis bevorsteht. Z. B. meldete sich meine Großmutter Maria am Donnerstag, dem 3.9.1998, mit ihrem ganz eigenen Duft. Dieser streifte mich, als ich am Computer saß, so, als ob sie hinter mir gestanden hätte. Sie wollte mich vermutlich auf ein besonderes Ereignis aufmerksam machen. Offenbar ratterte im Druck- und Verlagshaus gerade die Seite mit meinem Interview durch die Presse. Am nächsten Morgen rief meine Mutter an und sagte: *Heute bist du der Star der Zeitung: ein fast einseitiges Interview mit großem Farbfoto von dir und deinem Buch.* Ich erzählte ihr von meinem

Dufterlebnis. Daraufhin sagte sie: *Merkwürdig, ich hab beim Lesen des Artikels das Gefühl gehabt, als ob sie mir über die Schulter geschaut hätte.*

Fast zwanzig Jahre später, in der Nacht zum 23. Mai 2018, träumte ich von all meinen Lieben im Jenseits. Mit Oma Maria habe ich gegessen, Mama, Papa und Peter haben im Meer gebadet. Alle waren in bester Stimmung. Der positive Traum nahm mir die Angst und Sorge wegen meines Bruders, dem letzten Überlebenden meiner Herkunftsfamilie, den ich noch auf der Intensivstation vermutete. Der Traum sollte mir zeigen, dass alles gut gehen wird. Und so war es dann auch.

Einige Wochen vor diesem Ereignis bat mich Angelika Pape, die neben Heilpraktikerin auch ausgebildete Astrologin ist, mit ihrem Hund zum Tierarzt zu gehen. Dafür wollte sie mir die Sterne deuten. Als ich ihr die Daten meines Bruders gab, sagte sie, *er wird eine schwere Krankheit haben, es wird auf Messers Schneide stehen und darauf ankommen, wie er behandelt wird.* Am 15. Mai rief ich in Michelstadt an und wollte meinen Bruder sprechen. Dabei erfuhr ich, dass er seit einer Woche im Krankenhaus auf der Intensivstation liegt.

Am Morgen des 23.5.19 fuhr ich meinen PC hoch und ging vorher noch mal ins Badezimmer. Erstaunt stellte ich fest, dass Skype sich automatisch geöffnet hatte und mich der Name meines Bruders auf der Kontaktliste anstrahlte. Bekümmert wählte ich die Nummer und bildete mir ein, dass meine Schwägerin sich mit einer weinerlichen Stimme gemeldet hatte. Erschrocken rief ich: *Was ist?* Sie sagte: *nichts. Alles im grünen Bereich. Es geht ihm wieder besser.* Ich hätte es mir wegen des positiven Traums denken können. Meine Lieben im Jenseits wollten mich offenbar beruhigen.

Unser bayrischer Freund Karl besuchte mich überraschend und riet mir, die Batterie des Wohnmobils aufzuladen, was ich auch am nächsten Morgen machte. Am PC sitzend hörte ich irgendwann ein merkwürdiges Geräusch, so, als ob sich Geschirr bewegte. Ich dachte komisch, reagierte aber nicht. Kurz darauf wieder ein merkwürdiges Geräusch. Jetzt fiel mir ein, dass ich besser mal nach dem Batterieladegerät schaue. Und in der Tat, die Batterie war vollkommen aufgeladen.

Sie werden nun denken, na ja, das ist doch alles Einbildung. Aber da ich schon mein Leben lang Kontakt zur anderen Welt habe, ist es für mich nichts Besonderes. Und meine Dankbarkeit für die das Denken anstoßende Hilfe meiner Lieben ist grenzenlos. Ist es nicht beglückend zu wissen, dass wir selbst in der schmerzlichsten Einsamkeit und Verlassenheit in Wirklichkeit niemals alleine sind?

## Was wollen wir wirklich?

Folgen wir unserem natürlichen Genie, leben wir ein Leben mit weniger Widerstand. Wenn wir uns also gemäß unseren Talenten und Vorlieben beschäftigen, kommen Freude und Erfolg von ganz alleine auf uns zu: „Bittet, so wird euch gegeben werden; suchet, so werdet ihr finden ..."

Wie eingangs erwähnt, habe ich die Erfüllung der Freudenbotschaft nach Matthäus Kapitel 7, Vers 7 „bittet, so wird euch gegeben werden; suchet, so werdet ihr finden ... „ in meinem Leben öfters erfahren dürfen und sie in einigen meiner Bücher offengelegt. Zwei Beispiele, die meiner Meinung nach beide mit meinem vor fast vier Jahren verstorbenen Mann zu tun haben, will ich hier wiedergeben. Und zwar mit dem Wunsch, dass meine Leser erkennen, dass sie der Glaubenssatz der Lutherbibel wirklich weiterbringen kann.

Das erste Beispiel zitiere ich aus meinem Buch „*Zugvögel auf Rädern II: Unsere Reisen mit dem Wohnmobil ...*". Peter, der in seiner Midlife-Crisis nicht wusste, womit er sich beschäftigen soll, riet ich, sich als Rennfahrer zu sehen, da das sein Traum war. Ich sah mich ja auch als Autorin und begann, Reiseberichte zu schreiben. Zitat:

*„Mein erstes Buch SPIRULINA, DAS BLAUGRÜNE WUNDER basiert auf meiner Doktorarbeit über die Mikroalge Spirulina und Immunabwehr. Seitdem erfreue ich mich am wonnigen Prozess des Schreibens und am Glück, mit meinem Hobby Geld zu verdienen. Zu Peter sagte ich: Verschleudere deine Talente nicht, sondern lebe sie! Wir gestalten unsere eigene Wirklichkeit. Stell dir einfach vor, was du am liebsten machst. Bei mir hat es doch auch geklappt. Ich habe im Geist Lesungen veranstaltet und auf der Buchmesse meine Bücher vorgestellt. Peter motzte, du hast gut reden, schreiben kann man in jedem Alter. Mir macht nichts Spaß, außer den ganzen Tag über die Nordschleife zu brummen. Glaubst du mir altem Sack gibt irgendeiner Geld dafür, dass ich auf dem Nürburgring fahre?*

*Stell es dir einfach nur jeden Tag vor! Unglaublich, aber wahr: Nicht lange nachdem ich meinem besten Freund das schöpferische Training seiner grauen Zellen geraten hatte, wurde ihm ein Job als Testfahrer bei AMG Mercedes angeboten. Jahrelang durfte er durch die Grüne Hölle rasen!*

*Dieses Prinzip der Gestaltung unserer Wirklichkeit macht uns wirklich happy. Das Hobby kann zuerst einmal ein Nebenjob sein. Ich bin dafür, alles auszuprobieren, was Freude bereitet. Willst du z. B. wie wir den Winter in Südeuropa oder Nordafrika verbringen, stell dir die Reise täglich vor. Selbst wenn du erst mal ein Wohnmobil mietest und es nur ein langer Urlaub von vier oder fünf Wochen wird.“* (Seite 7)

Ebenso offenkundig wie im vorherigen Beispiel kommt die Freudenbotschaft der Lutherbibel durch mein Erlebnis vom Mai 2019 zum Ausdruck, obwohl ich ja gar nicht so richtig um etwas gebeten habe:

Ende April wanderte ich mit meiner Schwägerin und den Hunden durch die Berge. Wir unterhielten uns über unser derzeitiges Leben.

Ich sagte zu Renate, ich fühle mich nicht einsam, brauche keinen Mann mehr. Immerhin lebe ich nun mehr als zwei Jahre allein und habe mich ganz gut eingerichtet. Ich könnte mir auch gar nicht mehr vorstellen, meinen alten Körper einem neuen Mann zu zeigen. Peter habe ich mit 24 kennengelernt. Wir waren so vertraut miteinander und fanden uns auch alt schön. Wenn es einen gäbe, der mir ebenso vertraut wäre, der mich auch zum Lachen bringen könnte wie Peter und wenn er kochen könnte wie dein Mann, sodass ich nicht jeden Tag kochen müsste, wenn er nicht trinken und rauchen würde, wenn er die gleichen Interessen hätte wie ich und mir am besten alles abnehmen könnte, wozu ich keine Lust habe.

Gibt es denn so einen Mann? Wir glaubten beide nicht daran. Doch könnte es sein, dass meine Lebenszahl 7 besonders mit dem Matthäus Kapitel 7, Vers 7 korreliert? Zwar habe ich nicht direkt gebeten, auch nicht gesucht, aber dennoch gefunden. Wie?

Ein paar Tage später sang unser Shanty-Chor in einem Seniorenheim mit angeschlossenem Kindergarten für Groß und Klein. Da so wenig Männer mitgesungen hatten, fragte ich am Ende unsere Leiterin, wieso ist denn der Neue nicht da gewesen? Er war doch gestern in der Probe. Sie sagte, seine Frau ist nach 46 Ehejahren letztes Jahr gestorben. Da ist ihm oft nicht zum Singen zumute. Das trifft sich gut, dachte ich. Den Neuen fand ich attraktiv und hätte nie gedacht, dass er allein ist. Wie rund die Hälfte der Mitglieder ist Maurits Holländer. Ich kontaktierte ihn per E-Mail, erklärte ihm, dass ich von seiner Lage erfahren habe und sie nachfühlen kann, da ich immerhin fast 44 Jahre mit meinem Mann zusammen war. Da ich dachte, dass ihn meine posthumen Erfahrungen mit meinem Mann trösten könnten, hing ich ihm mein Buch „*Über den Tod hinaus*" an. Darin, und noch mehr in dem Folgeband „*Sad News*", habe ich mir beweisen können, dass das Leben unserer Lieben und somit auch unseres dereinst weitergeht.

Bei der nächsten Chorprobe tranken wir im Café Zé noch ein Wasser. Maurits sagte, meine Frau Lucie ist am 1. Juli, meinem 68. Geburtstag gestorben. Sie war 64. Ich sagte, mein Mann Peter ist am 11.2.17, genau eine Woche nach seinem 75. Geburtstag gestorben. Ich erzählte Maurits noch von einigen meiner posthumen Erfahrungen mit Peter, die mir sehr halfen, über den plötzlichen Tod hinwegzukommen. Zwar hatte mein Mann vor seinem Übergang in die andere Welt davon gesprochen, dass er nicht mehr dieser Welt angehöre und er glaube, dass er nicht älter als 75 werde. Aber ich habe es nicht wahrhaben wollen und gesagt, dein Vater ist doch vor 50 Jahren schon 76 geworden. Da wirst du doch sicher viel älter werden.

Maurits erzählte von seinem sechsjährigen Leidensweg mit seiner krebskranken Frau. Freunde und Bekannte der beiden erkundigten sich immer nach Lucie, aber niemand hätte ihn mal gefragt, wie es ihm ginge. Aber das, was ein Partner mitmacht, kann ein anderer nur verstehen, wenn er selbst diese Erfahrung gemacht hat. So war das auch, als ich meine Mutter bei mir hatte. Alle fragten nur nach ihr. Keiner wollte wissen, wie es mir dabei ging, keine freie Minute mehr zu haben. In meiner Not, einmal allein Essen einkaufen zu können ohne mütterliche Einwände, etwas nicht zu brauchen, brachte ich meine Mutter für eine halbe Stunde zu ihrer zehn Jahre älteren Tante.

Und dann beschließt die Partei, der meine Eltern für mehr als vierzig Jahre angehörten, eine Grundrente, bei der nur die Menschen sie erhalten, die 33 Jahre einbezahlt haben. Da ich zehn Jahre in USA lebte und die letzten Jahre für meine Mutter sorgte, fehlen mir ein paar Jahre, weil das Studium nicht angerechnet wird. So gehöre ich zu den vielen Rentnern, die im Ausland leben, um nicht zum Amt zu müssen.

Deutschen Rentnern geht es schlechter als den meisten Ruheständlern anderer europäischen Länder. Ich fürchte, dass dieses ungerechte Renten-Gesetz zu schweren Unruhen führen wird. Denn auch wenn die Rentner selbst nicht auf die Barrikaden gehen, ihre Kinder und Enkel könnten schon etwas dagegen haben, dass ihre gut situierten Bekannten mit der Grundrente belohnt werden, während ihre Mütter oder Großmütter, die wegen der Kindererziehung vielleicht nur 25 oder 30 Jahre arbeiten konnten, leer ausgehen sollen. Und dass sie weniger erhalten als ihre Zeitgenossen, die überhaupt nicht gearbeitet haben oder ihren europäischen Nachbarn, die eine Grundrente erhalten. Wieso staffeln wir Renten nicht so wie z. B. in Holland? Da wird für jedes Jahr, das man nicht in den Niederlanden war oder aus anderem Grund nicht gearbeitet hat, 2 % abgezogen. Das wäre für die Mutter, die nur 30 Jahre gearbeitet hat, 10 % weniger. Wenn eine Person 400 Euro zu ihrer Rente bekäme, wären es bei obiger Frau 40 Euro weniger, also 360. Wieso kann es in Deutschland nicht genauso gerecht zugehen? Von den Weihnachtszuwendungen, Urlaubsgeldern und *Stimulus*-Schecks, die andere Staaten ihren Bürgern gönnen ganz zu schweigen.

Ich schrieb wegen dieses Unrechts an den Landesverband Hessen und schlug die Staffelung vor, um Ausschreitungen zu vermeiden. Daraufhin bekam ich ein lapidares Schreiben des Generalsekretärs Degen, das in keiner Weise auf meine Vorschläge einging, sondern nur die geplante unfaire Grundrente erklärte. Da hatte seinerseits Bill Clinton, dem ich einige Vorschläge bezüglich des Gesundheitswesens unterbreitete, in seinem Antwort-Brief mehr Interesse gezeigt.

Aber zurück zu dem, was wir durch die Sprache in unser Leben rufen. Maurits, mein Chorkamerad, hat de facto die von mir ersehnten Hausfrauen-Gene. Am 5. Mai hatte ich vor, mit dem Fahrrad zum Zigeunermarkt zu fahren. Und da Maurits in der Nähe wohnt, verabredeten wir uns dort. Danach picknickten wir an einer Ruine. Ich hatte einen leckeren Avocado-Papaya-Salat mit geraspeltem Ingwer, Kürbiskernen sowie Kokos-Creme und Kokos-Chips gemacht. Und da ja bekanntlich Liebe durch den Magen geht und der Holländer mich auch von Anfang seiner Chormitgliedschaft an attraktiv fand, verabredeten wir uns noch öfters und sind heute ein Paar. Zwar lebe ich immer noch in meinem kleinen angemieteten Bauernhaus und Maurits in seinem aus einer Ruine selbst gebauten Haus, aber wir sehen uns jede Woche drei bis vier Tage. Wenn er zu mir kommt, verwöhne ich ihn mit meiner Kochkunst, wenn ich zu ihm komme, verwöhnt er mich mit Gemüsekuchen (siehe: Rezeptteil in *GESUND OHNE MEDIKAMENTE*) und -suppen oder asiatischen Gerichten. Ja, Maurits kann ebenfalls gut kochen und liebt es mehr als ich, Staub zu saugen und Papiere zu ordnen. Wir haben gleiche Interessen, z. B. Musik, Lesen, Handwerk, Pflanzen, auf Flohmärkten stöbern, Tischtennis und Radfahren. Wir mögen Berge mehr als das Meer. Obwohl wir hier ja beides haben und gern auch mal mit Tobi zum Hundestrand gehen. Ja, Tiere mag Maurits auch. Wir haben sogar denselben grünen Glücks- oder Heilstein: Aventurin. Ich könnte die Liste noch weiterführen, wenngleich einige Übereinstimmungen etwas zu persönlich wären.

Wie ich an einigen Stellen dieses Buchs sowie in meinen Büchern *ÜBER DEN TOD HINAUS* und *SAD NEWS* zeige, können die Seelen uns nicht nur via Wasser, sondern auch durch alles, was mit Elektrizität zu tun hat, kontaktieren. Aber sie können auch Glas zerspringen lassen. Das wusste ich schon von einer Studienkollegin aus der Schweiz. Bei ihr sprang immer ein Glas in der Vitrine entzwei, wenn Verwandte von ihr starben.

Hier noch ein aktuelles Beispiel: Am 16.11.20 wollte ich die Kfz-Zulassungsstelle anrufen und nahm mir vor, das Ersatz-Handy zu nehmen, da ich auf diesem noch mehr Guthaben habe. Da ich noch etwas anderes erledigte, vergaß ich das Ersatzhandy zu benutzen. Doch da etwas mit dem Lautsprecher nicht klappte und ich das Handy entnervt auf den Beistelltisch legte, fiel mir ein, dass ich ja mit dem anderen Handy telefonieren wollte.

Zurück zu unserer Quasi-Ehe zu viert. Vielleicht haben Peter und Lucie ja auch das Haus in Frankreich ausgesucht. Vor drei Jahren kaufte die Tochter von Maurits ein Haus in den Rhone-Alpen. Und *Peter und Lucie adoraient la France*. Immer beim Durchfahren schwärmte Peter von den prächtigen Alleen und den hübschen Dörfern. Lucie wollte dito in Frankreich lieber wohnen als in Holland. Auch Maurits und ich mögen *la grande nation et la langue*.

Aber zurück zum Thema des Kapitels. Was wollen wir wirklich? Wir sind ja alle mit bestimmten Talenten und Vorlieben zur Welt gekommen. Und da wir ja im Grunde alle geliebt werden wollen, uns aber zunächst selbst lieben sollten, stellen wir uns besser vor, welche Beschäftigung uns und andere glücklich machen würde.

Probieren Sie es aus und bitten Sie um das, was Sie wirklich wollen. Oder beschäftigen Sie sich schon in der Freizeit mit dem, was Sie anstreben. Sollten Sie sich noch nicht so ganz im Klaren sein, was Sie wirklich wollen, verfassen Sie am besten eine Wunschliste und schreiben Sie, wie schon erwähnt, zehn Wünsche auf. Wenn Sie sich mit Ihren Wünschen täglich beschäftigen, kristallisiert sich von ganz allein allmählich das heraus, was Sie wirklich wollen.

Unsere Lieben im Jenseits, die auf einer höheren Frequenz schwingend uns hin und wieder besuchen, sind immer gern bereit, uns bei unserer Wunscherfüllung zu unterstützen. Wir sollten nur klar herausarbeiten, wie wir unser Leben gestalten wollen. Bittet, so wird euch gegeben. Und manchmal werden wir auch gelenkt und das Orchester spielt, ohne dass wir die Musik bestellt haben. Dann wäre es eine gute Idee, sich einfach führen zu lassen.

Vielleicht müsste die Frage nicht lauten, *was wollen wir wirklich*, sondern was *wissen wir wirklich?* Könnte es sein, dass unser ganzes Leben nur ein kosmischer Witz ist? Was ist wirklich von Wert, was von raison d'être, von Inhalt und Nutzen – ist nicht alles lachhaft?

# V. WASSRKRISTALLFOTOGRAFIE-EXPERIMENTE

Vor fast 14 Jahren rief ich den Schweizer Wasserkünstler Ernst F. Braun an, da der Ingenieur Peter Groß mir zwei Wasserkristallfotos mailte, eins mit Leitungswasser generiertes, schmutzig wirkendes und eins, bei dem das gleiche Leitungswasser durch einen von ihm entwickelten Wasser-Aktivator gelaufen war. Letzteres erschien klar und mit schöner Kristallbildung. Seither führe ich sporadisch Tests durch.

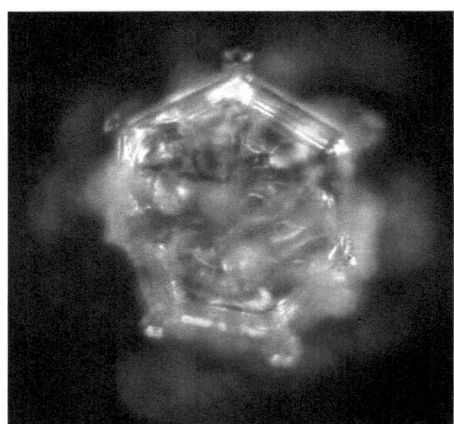

In all den Jahren unserer Bekanntschaft ist es immer wieder spannend, wenn ich Ernst Braun oder seine Tochter Sarah Steinmann kontaktiere, um wieder mit ihnen ein faszinierendes Projekt zu realisieren.

Schon nach dem ersten Wasserkristallfoto-Experiment, das ich mit dem *Atelier für KUNST und Mystic* durchführte, klärte sich für mich das Mystische schon merklich auf. Denn nachdem Ernst Braun neutrales Wasser mit meiner Unterschrift informiert hatte, konnte er von 22 gefrorenen Wassertropfen 15 wunderschöne Wasserkristalle mikroskopisch fotografieren. Normalerweise erhält er höchstens acht. Da ich mit mehreren Kunstmalern bekannt war, die sich schon im Jenseits befanden, dachte ich, dass sie die Wasserkristalle kreierten. Auch wusste ich durch Medien wie z. B. dem bereits erwähnten Antonio Gasparetti, dass er seinen Körper *Alten Meistern* zur Verfügung stellt, die durch ihn innerhalb von zwei bis drei Minuten ihre Werke malen und sie auch mit ihren Namen signieren.

www.youtube.com/watch?v=URM8KGpjztE

Wie Sie sehen können, malt das Medium, ohne zu schauen in rasender Geschwindigkeit. Dabei nimmt es zielsicher die richtige Farbe aus der Palette oder dem Farbkreidekasten. Nach wenigen Minuten ist ein Modigliani, van Gogh oder Toulouse-Lautrec fertig. Gasparetto sagt, er stehe in Kontakt zu den Seelen-Malern und überlasse ihnen seine Hände und Füße. Bei den Wasserkristallfoto-Experimenten wirken zuweilen auch wahre Meister des Kunst malenden Handwerks.

Es sind aber keinesfalls allein die Erfahrungen mit mehreren Trance-Medien, die meine Sichtweise stützen, sondern auch die eigenen Erlebnisse und die meiner Familie mütterlicherseits, die nahezu alle bereits Nachtodkontakte und andere übersinnlichen Erfahrungen hatten.

Wie aber empfangen wir energetische Botschaften? Meist ist es nur ein Gefühl, das uns sagt, so und nicht anders muss es sein. Manchmal werden wir durch prophetische Träume und Visionen gewarnt. Wenn wir hell hören, handelt es sich auch oft um Anweisungen unseres unbegrenzten Höheren Selbst oder anderer Seelen. Die hier aufgezeigten Wasserkristallfotos oder *Seelensterne* wie E. Braun jene WKF nennt, die mit dem Foto oder der Unterschrift eines Lebewesens generiert werden, dürften dagegen primär das Werk hinübergegangener Seelen sein. Es spricht einiges dafür, das sie all unsere Sprachen verstehen und unsere Gedanken und Schriften lesen können. Ihre übermittelten Botschaften zeugen davon ebenso wie von ihrer Existenz. Ob sie aber mittels unserer verschiedenen Eigenfrequenzen Bilder erstellen oder auf andere Weise Informationen auf das Wasser übertragen, werden wir wohl erst erfahren, wenn wir selbst dereinst im Jenseits wirken.

Machen Sie sich am besten selbst ein Bild von den Wassermalern. Die beiden intuitiven Schweizer Ernst F. Braun und seine Tochter Sarah Steinmann holen Ihnen gern Ihre *Seelensterne* vom Himmel. Wagen Sie ihr ganz eigenes Experiment. Sie können Wasserkristallfotos von sich, Ihren Lieben, Ihrem Haustier, von Quellen, Flüssen, Seen, Brunnen oder ihrem Leitungswasser anfertigen lassen. Es gibt kaum etwas, was nicht objektiv betrachtet werden könnte. Oder besser gesagt: Im Wasser werden alle Schwingungen kopiert und in sichtbare Form umgewandelt.

## Erste Wasserkristall-Experimente mit Ernst F. Braun

Die 15 *Seelensterne*, die mir E. Braun vor fast vierzehn Jahren vom Himmel holte, haben mein Weltbild enorm verändert. Der Schweizer und seine Tochter Sarah Steinmann fotografieren wie das Team des Japaners Masaru Emoto gefrorene Wassertropfen. Meiner metaphysischen Erfahrungen halber hätte mir sofort klar sein können, dass Wasser ein Medium für die andere Welt ist.

Doch wie wird nun das neutrale Nass mit Information gespeichert? E. Braun legte den Zettel mit meiner Unterschrift an ein Gläschen mit destilliertem Wasser. Nach einem Tag füllte er 22 Petrischalen mit je einem Tropfen des informierten Wassers und fror sie bei -30 °C ein. Kurz darauf schickte er mir 15 Wasserkristallfotos (WKF) und eine Kunstkarte zu, die er „Hohepriesterin" nannte.

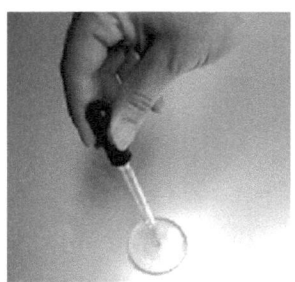 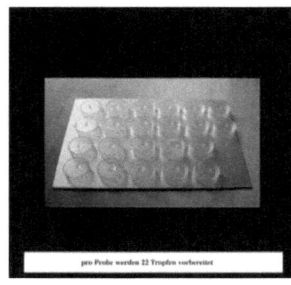 

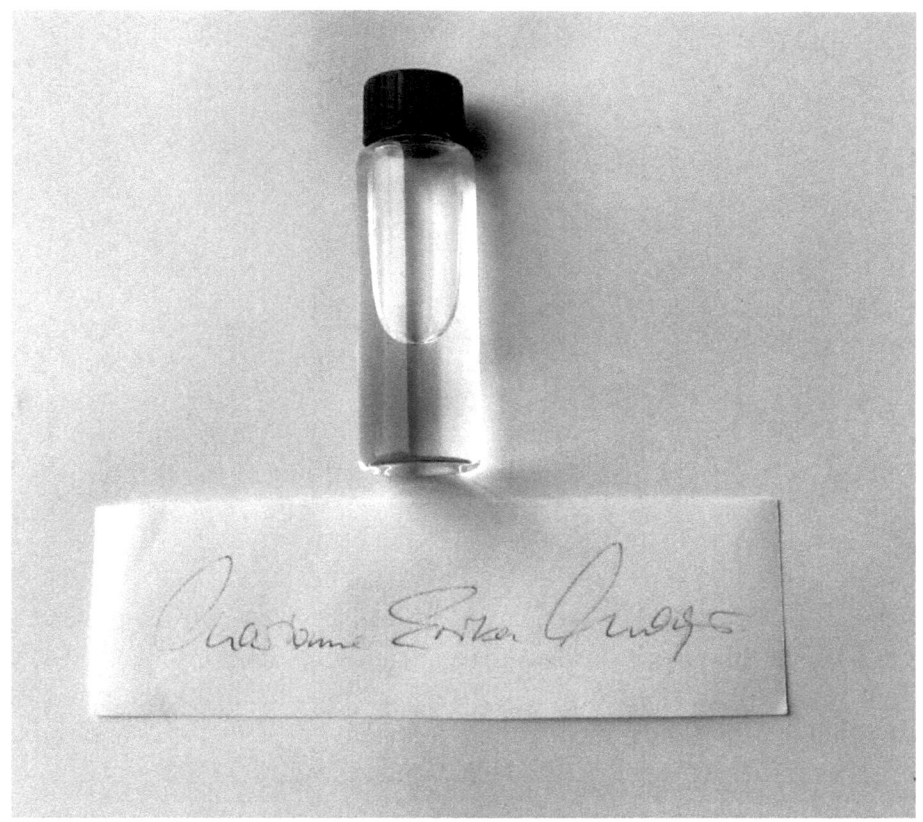

Zuerst fand ich sie einfach nur schön. Doch bei weiteren Blicken auf meine *Seelensterne* entdeckte ich Neues. Die meisten WKF spiegeln meine Erlebnisse wider! Was steckt hinter diesen Wasserwunderwerken? Wegen höchst persönlicher Botschaften und da ich schon übersinnliche Erfahrungen mit verstorbenen Verwandten und Bekannten hatte, dämmerte mir bald, wer das Wasser informiert: unsere verstorbenen Lieben! Das essentielle Nass scheint ein Medium für Seelen zu sein. Da diese auf einer höheren Schwingungsebene existieren, können die wenigsten Menschen sie sehen, auch wenn sie unentwegt um

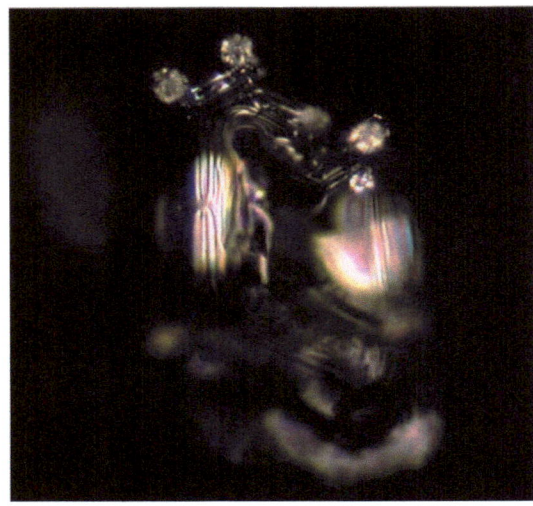

**Wasser**kristalle
nach M. Emoto fotografiert von

Ernst F. Braun
Gauggleren 2
CH-3664 Burgistein

+41 79 354 52 17
www.wasserkristall.ch
ernst_braun@bluewin.ch


SEELENSTERN

von Marianne Erika Meyer

DIE HOHEPRIESTERIN


Atelier für

**KUNST**und Mystic

uns herum sein mögen. Allem Anschein nach tischte mir meine Großmutter kein Märchen auf, als sie sagte: Dein Opa im Himmel sieht immer, was du machst und passt auf dich auf. Friedrich Jürgensons Beschreibung der Kontaktherstellung mit dem Jenseits in „Sprechfunk mit Verstorbenen" festigte den alten Kinderglauben. (1992)

Meine *Seelensterne,* die angenehme Erlebnisse widerspiegeln, bilden schöne Kristallformen. Die Krisen in meinem Leben zeigen kaum ausgebildete oder geteilte Kristalle und ein zerbrochenes Herz.

Ein Wasserkristallfoto, das wie ein Dickdarm aussah, fasste ich als Warnung auf, mal an eine Untersuchung zu denken. Dass ich falschlag, wurde mir nach drei Wochen Sorge im leitenden Badewasser bewusst. Wer der *Maler* des Dickdarmkristalls gewesen sein könnte, erfahren Sie im Kapitel „Prophezeiungen in Wasserkristallfotos".

## *Seelensterne* als Marksteine und Wesenszüge

Die meisten mikroskopisch fotografierten gefrorenen Wassertropfen, die von meiner Unterschrift generiert wurden, stellen Sternstunden bzw. Wendepunkte meines Lebens oder Charaktermerkmale dar. Sie beginnen mit dem Wasserkristallfoto, das ich als *Befruchtung trotz Prophylaxe* mit Vaginal-Zäpfchen interpretiere. Von Freunden meiner Eltern hörten wir öfters: Aha, das ist wohl eure Patentex-Marianne.

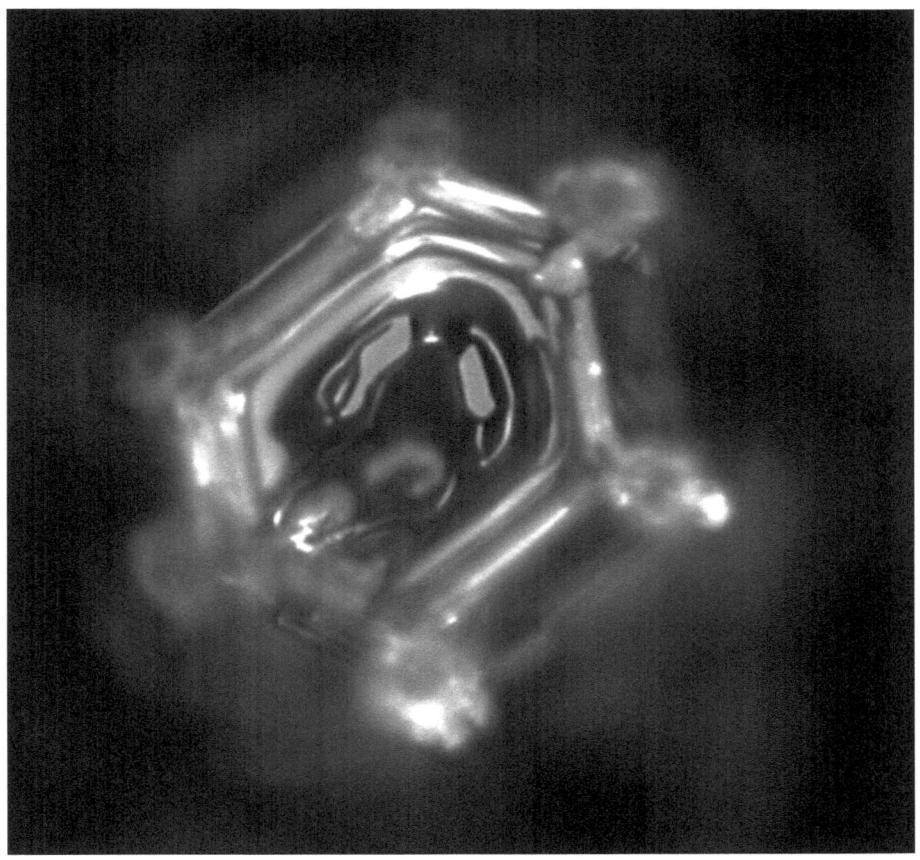

In diesem Buch stelle ich nicht mehr alle fünfzehn Wasserkristallfotos vor, sondern meist nur jene, bei denen ich in meinen vorherigen Büchern mit der Interpretation entweder daneben lag oder etwas übersehen hatte. Außerdem habe ich in der Zwischenzeit wieder viele weitere WKF-Experimente mit dem Atelier für Kunst und Mystic durchgeführt und will auch diese neueren Wasserkristallfotos mit Ihnen meinen LeserInnen teilen.

Sollten Sie an welcher Stelle auch immer einmal fragen, wieso kann sie denn so sicher sein, dass diese Wasserkristalle Botschaften aus dem Jenseits sind, kann ich nur mit meinen Erfahrungen aufwarten. Denn mit Beweisen tun wir uns im Fleisch meist schwer. Von Kindesbeinen an bin ich gewohnt, alles zu hinterfragen und alles für möglich zu halten. Denn nahezu alle meine Familienmitglieder mütterlicherseits haben prophetische Träume, plötzliche Eingebungen, Kommunikationen mit Tieren, Geistersehen und viele andere übersinnlichen Wahrnehmungen. Wir haben uns darüber stets ausgetauscht. Für uns ist es normal, mit der geistigen Welt in Kontakt zu stehen.

## Mein Sternzeichen Schütze mit charakteristischem Kindskopf

Als ich dieses Wasserkristallfoto im Jahre 2008 zum ersten Mal sah, erkannte ich das im kubischen Stil *gemalte* Symbol des Schützen und fand es nicht sonderlich merkwürdig, dass der Kopf fehlt. Mittlerweile entdeckte ich auch noch den mich kennzeichnenden Kindskopf und wunderte mich, wieso mir nie zuvor aufgefallen war, dass dieses strahlende Wesen im mittleren der oberen drei Zacken mir auch eigen ist. Der geistigen Welt bleibt nichts verborgen und sie scheint uns besser zu kennen, als wir uns selbst. Ist ja auch klar, wenn sie alles sieht, selbst das, was wir gerne verdrängen.

So ähnlich hatte sich übrigens auch meine frühere nachbarliche Freundin zum Seelenstern „Die Hohepriesterin" geäußert, bei der Herr

Braun eine betende Frau in kniender Haltung erkannte. Die Nachbarin sah einen Totenkopf mit krönendem Kristallbären. Ihre Interpretation: Du genießt das Leben bis zum Tod spielerisch, eine geschmeidige Umschreibung für Kindskopf.

Ich sehe eine kniende betende Indianerin als Schimäre: Heilige und Biest im Menschen vereint. Und meine früheren Leben, in die ich einen Blick werfen durfte, scheinen das auch zu bestätigen.

## Im 13. Lebensjahr gestochener *Altersstar*

Zuerst interpretierte ich das Auge als eine Augenkrankheit. Dann dachte ich, dass das *Ohmzeichen* das Augenmerk auf mein neues Wasserbuch richtet. Erst später verband ich den Grauen Star mit dem Wasser. Denn Johann Tikale, über dessen Arbeit ich im ersten Wasserbuch (2002) berichte, sagte zu mir, wenn du viel gutes Wasser getrunken hättest, wären die Operationen an deinen Augen nicht nötig gewesen.

Je höher der Ohm-Wert, desto besser reinigt das Wasser. Ist der Ohm-Wert niedrig, hat das Wasser einen geringen Reinigungseffekt auf unseren Organismus. Zum Glück wissen wir heute mehr über die positive Wirkung reinen Wassers und wasserreicher Ernährung. Wenn sie aus viel Gemüse und Obst besteht, hat sie natürlich einen guten Reinigungseffekt. Mit Brot, Pizza, Nudeln, Kuchen und Süßigkeiten lässt sich der Körper kaum reinigen.

Leider kann ich die Uhr nicht zurückdrehen, aber Sie, meine Leser, können aus meinen Fehlern lernen. Wenn Sie Soda-Getränke nur bei besonderen Gelegenheiten trinken und Ihren Kohlenhydrat-Konsum einschränken, haben sie schon viel getan. Einmal pro Woche einen Tag mit nur wasserhaltiger Nahrung, ohne Fette und Proteine hilft enorm bei der Reinigung des Organismus.

## Tier- und Pflanzenliebe werden zu Tränen um Sandara

Folgendes Wasserkristallfoto interpretierte ich in meinem ersten WKF-Buch als meine Liebe zu Tieren und Bäumen oder als unsere hübsche marokkanische Hündin. Letzteres wegen der hochstehenden Ohren. Ich hatte versucht, sie abwärts zu dressieren, da mir Sandy mit Schlappohren besser gefiel. Als sie noch ein Welpe war, waren sie auch unten. Wenn ich ganz lieb Sandy rief, tat sie mir den Gefallen.

Wenn ich das WKF heute betrachte, fällt mir die brillant-besetzte Tropfenform ins Auge und denke an die Tränen, die ich weinte, als mir der französische Polizist das Halsband unserer überfahrenen Hündin gab. Am Tag zuvor hatte Sandy sich anders als sonst von meiner Mutter durch mehrfaches Kopfreiben und Anschmiegen verabschiedet. Eineinhalb Jahre vorher hatte ich geträumt, dass mir ein französischer Polizist das rote Halsband übergab. Meiner Mutter riet ich, sich nicht so sehr emotional an die Hündin zu gewöhnen, da sie wohl nicht viel älter als zwei Jahre werden würde. Es waren zwei Jahre und 24 Tage.

### *Moonhopper* gegen Rückenschmerzen

Bei folgendem Kristall, der wie ein gerahmtes Hochzeitsbild aussieht, dachte ich zuerst: Eigentlich müssten in höheren Dimensionen Existierende doch wissen, dass Peter einen Kopf größer ist als ich. Später entdeckte ich unter *mir* den *Moonhopper*.

Der Kristall stellt die Szene dar, als ich das Teil zum ersten Mal ausprobierte. Peter half mir auf den Plastikring des Hüpfballs, auf dem ich tatsächlich fast so groß bin, wie er. Sie mögen nun fragen: *Was soll das für ein Markstein sein?* Für mich war dieses Sportgerät aber wirklich sehr wertvoll. Denn mit ihm gelang es mir, meine Rückenschmerzen bei langem Stehen im Gospelchor loszuwerden. Wenn ich wieder ein Haus mit mehr Platz habe, schaffe ich mir noch einmal einen Moonhopper an. Im Freien sind mir bereits zwei Bälle durch spitze Gegenstände auf dem Boden kaputtgegangen. Vielleicht ist aber ein kleines Trampolin weniger unfallträchtig und nicht so leicht zerstörbar.

## Das Beinahe-Scheitern unserer Beziehung

Folgender entzweigebrochener Kristall ähnelt dem von Emotos Team, der von mit dem Elvis Song *Heart Break Hotel* beschallten H2O gewonnen wurde. Er erinnert an eine schwierige Phase in unserem Eheleben in Kalifornien, wo Peter fast erschossen worden war.

Die Ausbuchtung des zerbrochenen Kristalls zeigt Peters Profil. Auf diesem Schattenbild könnte man die Rundung der Stirn besser sehen als auf dem Foto, wenn er die Kappe nicht auf hätte.

Peter hatte in dieser Zeit das Rauchen aufgesteckt und den Nikotinentzug mit Alkohol kompensiert. Damals hätten wir uns fast getrennt.

Da mein erstes Buch" *Wasser-Code geknackt"* vergriffen ist, werde ich es eventuell noch einmal mit allen Seelensternen neu auflegen. Das hängt allerdings von der Resonanz dieses Werks ab.

## Deutung von Ernst Brauns Geburtstrauma-Wasserkristalle

Da ich dem Wasserkünstler gegenüber offen meine *Seelensterne* deutete, mailte er mir vier Wasserkristallfotos mit der Frage, ob mir zu seinen Fotos auch etwas einfällt bezüglich dessen, was das Geburtstrauma generierte. Ernst Braun wurde zwei Monate zu früh geboren. Als 7 Monatskind erlitt er ein Geburtstrauma. Er schrieb "Schock bei der Geburt" auf einen Zettel und brachte über seiner Handschrift Auflösungssymbole an. Dann stellte er ein Glas mit destilliertem Wasser darauf und trank das informierte Nass. Dabei schüttelte es ihn richtig durch. Einige Tage später merkte er, dass da *etwas weggegangen* war. Er wickelte den Zettel um ein Fläschchen neutrales Wasser. Nach drei Tagen fotografierte der Wasserkünstler die gefrorenen Wassertropfen und mailte sie mir mit der Frage: *Wie haben Sie die Fotos vom Test mit dem Trauma wahrgenommen? Sehen Sie darin eine Möglichkeit der Informationsübertragung?*

Ich schrieb zurück: „Zum ersten Foto fällt mir *freudige Erwartung/ Offenheit* ein.

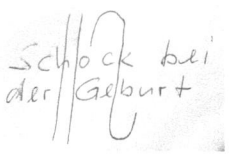

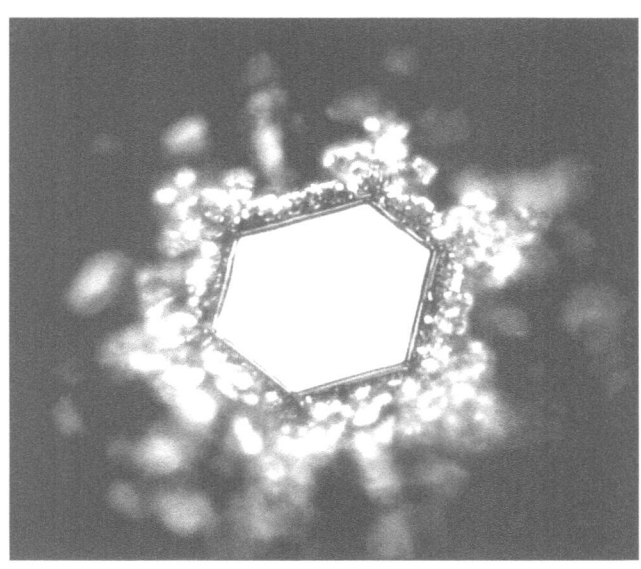

87

Im 2. WKF sehe ich
oben eine gebroche-
ne Kette oder ein
gebrochenes Herz:
*Ist es ein Bruch in
der Beziehung zum
Vater?*
Darüber sehe ich
heute ein gleich-
schenkliges Kreuz,
das für uns negative
Informationen in
positive umzuwan-
deln vermag.

Das Studieren
des 3. Fotos hat
lange gedauert.
Es ist auch in
der Form anders,
irgendetwas
*fehlt da.*
*Es ist etwas
Mechanisches.*

Beim 4. WKF fällt mir *Ruhe nach dem Sturm* ein.
*Alles ist wieder gut.* Ernst Braun schrieb daraufhin zurück: *Hei, das ist ja äußerst interessant! Und ... es stimmt. Huch ...*

Die Schweizer sind darauf spezialisiert, Seelensterne zu fotografieren und machen dies auch am liebsten.

Indes kam Ernst Braun die Idee, ich könnte einigen sei- 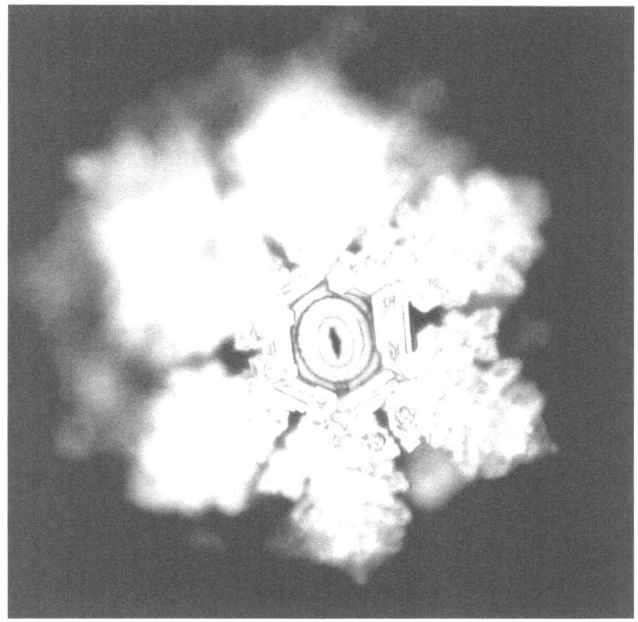 ner Kunden die *Seelensterne deuten.* Sofort meldete sich bei mir die Angst zu versagen. Doch der Wasserkünstler meinte: *Diese Ängste haben wir doch alle. Die einen stehen dazu. Die anderen übertünchen sie mit Himbeersauce oder sonst irgendwas. Auch hier: Wen kümmert es?*

### Prophezeiungen, Reaktionen & Hinweise in Wasserkristallfotos

Folgende Wasserkristalle bilden künftige Ereignisse oder Rückmeldungen auf Fragen und Ansuchen ab. Beim ersten Wasserkristallfoto bin ich mir immer noch nicht ganz sicher, ob es sich wirklich um das Dickdarm-Problem einer nahestehenden Person handelt. Denn da das WKF aus dem ersten Test mit meiner Handschrift generiert wurde, wäre es doch wahrscheinlicher, wenn es mich beträfe. Da ich aber ein paar Jahre zuvor in einer anthroposophischen Klinik eine Woche lang durchgecheckt wurde und keine Darmverschlingungen oder andere Darmprobleme festgestellt wurden, hielten sich die Sorgen um meine Verdauungskanal-Gesundheit in Grenzen.

Auf nahezu alle vorhersagenden Wasserkristalle traf zu, dass ich sie erst erkannte oder richtig interpretierte, als das betreffende Geschehen eingetroffen war.

### Das Rätsel um den Dickdarm-Wasserkristall

Das erste, ein künftiges Vorkommnis prophezeiende Wasserkristallfoto stammt wie gesagt von dem H2O, das mit meiner Unterschrift informiert worden war und wie ein Dickdarm aussah. Es erschreckte mich, da ich annahm, ich könnte an Darmkrebs leiden oder an einem Volvulus. Denn auf die allgemein auch als Darmverschlingung oder Darmverdrehung bezeichnete Erkrankung deuten die Buchstaben „vol" im oberen Bereich des Wasserkristalls hin.

Nach drei Wochen erlebte ich jedoch die befreiende Erfahrung des Erkennens in der Badewanne, ähnlich der von Archimedes, als er beim Einsteigen in die Badewanne durch die Flüssigkeitsverdrängung auf die Berechnung des Gewichts von Körpern gestoßen war. Ein weiteres Zeichen, wie gut Wasser leitet, besonders die Gedanken. Das Gehirn enthält ja auch zu 90 % Wasser. Ich hatte angenommen, dass dieses Wasserkristallfoto nur mit mir zu tun haben kann. Und vielleicht ist es auch wirklich so. Denn seit ich denken kann, habe ich stets mit zu viel Luft im Bauch zu tun. Der Hausarzt, den ich deshalb vor Jahren aufsuchte, sagte Römheld-Syndrom. Doch da ich nun schon mehr als ein halbes Jahrhundert mit diesen Gasansammlungen im Magen-Darm-Trakt zu tun habe, werde ich die nächsten paar Jahre auch noch damit leben können.

Wie gesagt, wurde mir im Badewasser plötzlich bewusst, wer der Maler des Dickdarmkristalls gewesen sein könnte. Der durch einen Autounfall viel zu früh verstorbene Freund meines Mannes! Denn zwischenzeitlich mussten wir erfahren: Bei seiner uns nahestehenden Tochter war bei einer Vorsorgeuntersuchung ein Tumor im Dickdarm diagnostiziert worden. Dieser war auch schon in einer geglückten Operation entfernt worden. Auch andere Angehörige hatten schon an Gewächsen im Kolon zu leiden, was häufig der Fall ist, wenn ein

Angehöriger plötzlich aus dem Leben gerissen wird. Der Dickdarm ist schlechthin die Jauchegrube des Körpers, wo Überflüssiges und Abzusonderndes gelagert wird. Wenn wir Gefühle schlucken, fühlt sich unser Verdauungssystem förmlich aufgefordert, diese zu „verdauen".

Vielleicht sollten wir nur darauf aufmerksam gemacht werden, dass alles gut gehen wird. Denn dieses Foto zeigt einen schönen Kristall. Benutzte der vor vielen Jahren verstorbene Vater das Medium Wasser, um seine Tochter zu beruhigen oder ihr über den Verlust ihrer Großmutter zu helfen? Letztere verließ während des Klinikaufenthaltes ihrer geliebten Enkelin ihre körperliche Hülle. Es hatte am Ende ihres Lebens immer sehr viel Stress mit ihr gegeben.

Der Tumor wäre vielleicht ohne die Vorsorgeuntersuchung nach der angespannten Situation mit der Großmutter von allein wieder weggegangen. Denn wir ziehen uns im Laufe des Lebens öfter mal Krebszellen zu, wenn wir z. B. eine Schocksituation, einen Unfall oder Todesfall erleben bzw. mit Dauerstress überfordert sind. Ich hatte auch mal ein Gewächs, das nach der selbst verordneten sechs- bis achtwöchigen Quark-Leinöl-Diät nach Johanna Budwig wieder verschwunden war.

Einige Zeit später verdichtete sich meine Vermutung, dass es bei dem Dickdarm-Wasserkristall um Bs Tumor gehen könnte. Denn es stellte sich heraus, dass sie aufgrund von Komplikationen noch dreimal operiert werden musste. Und links neben dem „V" kann man die „3" auch erkennen.

## Schriftwerk des Verstorbenen auf dem Speicher gefunden

Beim zweiten Experiment informierte Ernst Braun das neutrale Wasser mit meiner Unterschrift und einer Frage an meinen Vater. Ich wusste von meinem Bruder, dass er einen Roman geschrieben hatte. Aber er war nicht aufzufinden. Innerhalb des schönen Kristalls erkannte ich ein Dachgeschoss. Das „Auge" an der linken Schräge neben einem Riss „schaut" auf etwas Rechteckiges. Mit meiner Mutter ging ich auf den Speicher und sah, dass der Riss vom Alu einer Dämmplatte stammte.

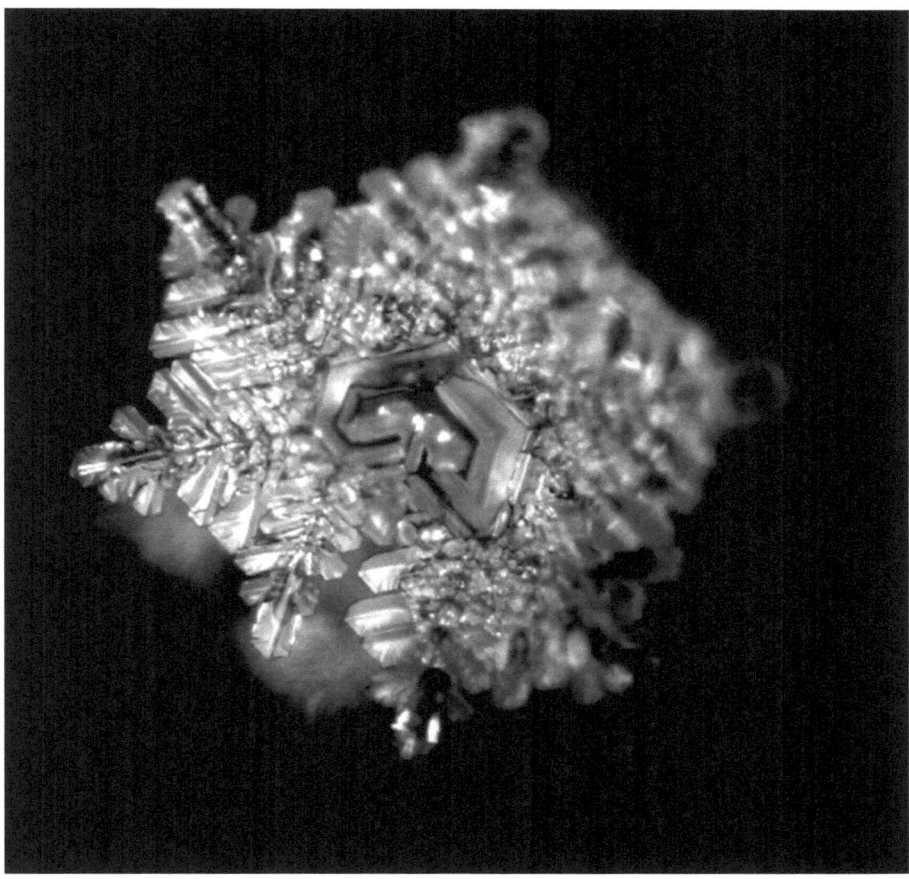

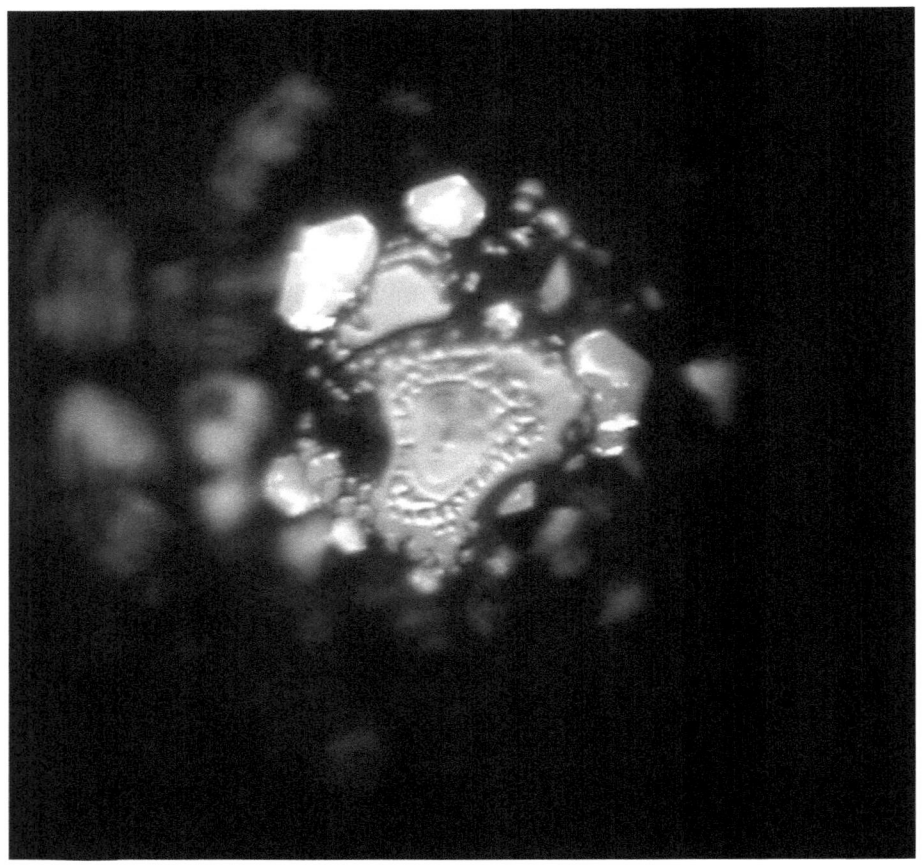

Als ich in Richtung lange Ecke auf ein Regal zu kroch, rief meine Mutter aufgeregt, ja, da hat er seine Schriftsachen, die ich endlich fand.

### Das Steingesicht als Vorzeichen künftiger Depression

Meine Mutter nahm eine Menge Medikamente. Viele chemische Arzneien können zu Schwermut führen. Ich denke deshalb auch nicht, dass allein der Tod meines Vaters die Depression auslöste. Das Gesicht meiner Mutter wirkte einige Monate später tatsächlich öfters wie versteinert.

## Rückzug in den Kokon

Beim Betrachten dieses *Seelensterns* dachte ich zunächst an die Botschaft eines verstorbenen Bekannten. Denn er hatte gerade seine Körperhülle in einer Gefängniszelle verlassen. Fast alles passte: der Kokon im oberen Teil des Kristalls, F. in relaxter Fötalhaltung. Auch der Bumerang vorm Kopf-Brust-Bereich schien anzudeuten: Alles, was wir einem anderen antun, fällt wieder auf uns zurück. Einzig störend war das dicke Kniegelenk: F. war auffallend feingliedrig.

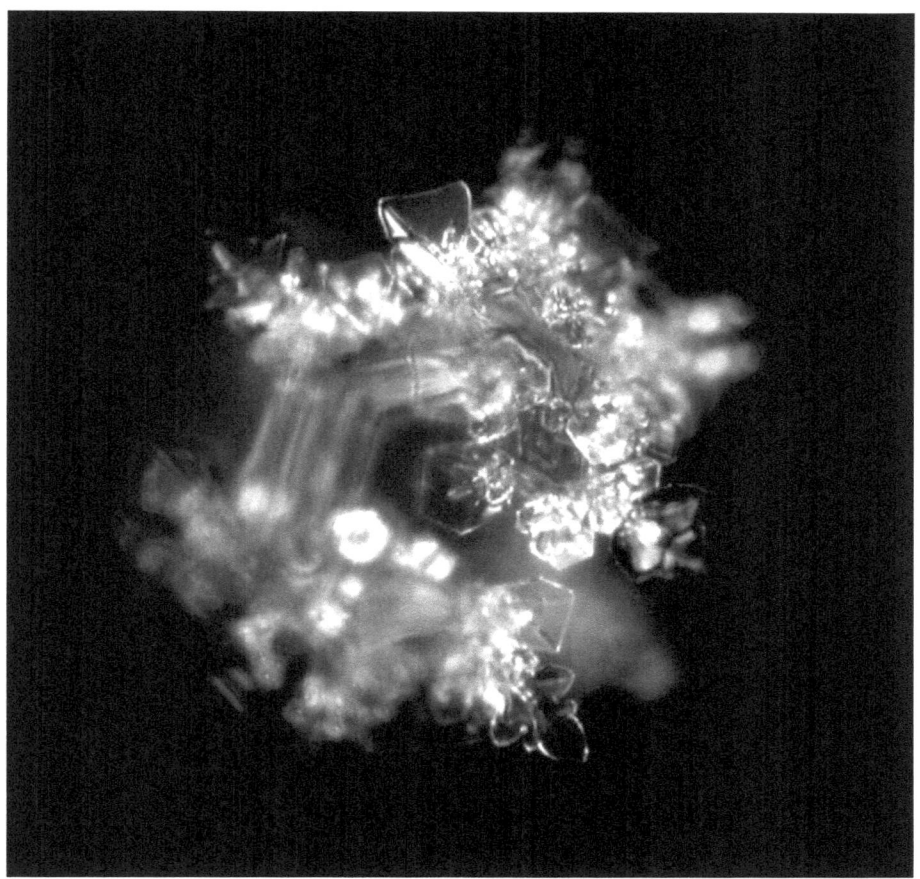

Wochen später erkannte ich beim Malen der Wasserkristallfotos, dass dieser Kristall eine Prophezeiung war. Die gekrümmte Kreatur im Kokon konnte nur meine Mutter darstellen: wegen der kräftigen Knie und weil sie sich in der Zwischenzeit gänzlich in ihr Schneckenhaus zurückgezogen hatte. Statt Tabletten gegen ihre Depression erhielt meine Mutter ein Medikament gegen Demenz. Daraufhin redete sie wirres Zeug und fürchtete sich besonders vor Folter. Hat der Stiefel im WKF über ihrem Kopf mit dem Spruch zu tun: *Rede nicht so einen Stiefel.* Oder stellt es den *Spanischen Stiefel* dar? Bis vor rund 200 Jahren wurde dieses Folterinstrument verwendet, um die *Wahrheit* herauszufinden. In der Traumdeutung kündigen Stiefel mit hohem Schaft einen beschwerlichen Gang an. Direkt darüber sehe ich ein Messer. Es symbolisiert die aggressive Seite und steht für Unfrieden. Da die Klinge abgebrochen ist, kann es auch Misserfolge oder Trennungen ankündigen.

All dies spiegelt den damaligen Zustand meiner Mutter wider. Ich bin heilfroh, dass wir diese schwere Zeit hinter uns haben. Als meine Mutter in besseren Zeiten zu sagen pflegte, wir werden unsere paar Jährchen noch hinter uns kriegen, hätte sie wohl nicht gedacht, dass sie noch so verdrießlich werden würden.

## Prophezeiung der Nuklearkatastrophe von Fukushima

Dr. Renate Kaiser-Alexnat veröffentlichte in meinem Buch „ *Wasser verbindet die Welten"* Teile ihres Tagebuchs. Dabei ging es auch um ihre einjährige wissenschaftliche Arbeit in Japan. Die Agrarwissenschaftlerin hatte durch meine Tests inspiriert im Jahre 2008 ebenfalls ein Wasserkristallfoto-Experiment mit Ernst Braun durchgeführt. Damals interpretierte ich das zweite WKF als Atompilz. Erst später, als meine Gospel-Kameradin unter anderem auch die drei Wasserkristallfotos veröffentlichte, merkte ich, dass folgendes WKF offenbar eine Voraussage der Nuklearkatastrophe von Fukushima im Jahre 2011 war.

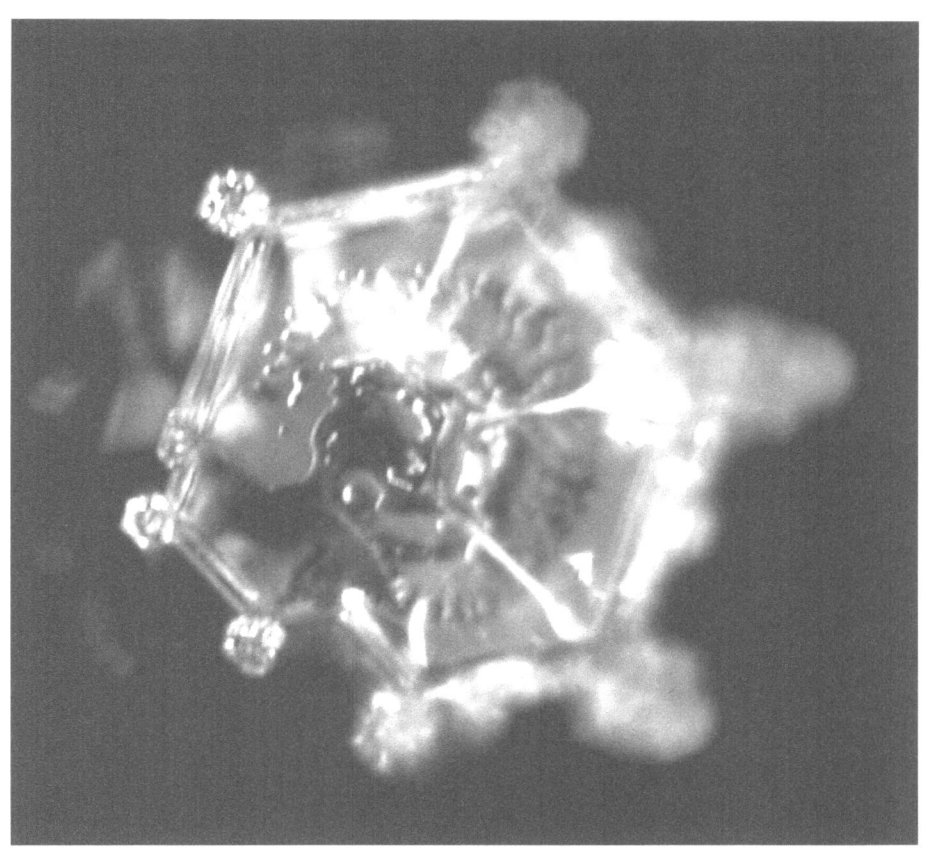

## Wasserkristallfoto-Experimente mit meinem verstorbenen Mann

Bei dem Test für mein Buch „*Über den Tod hinaus*" stellte E. Braun
ein Gläschen mit destilliertem Wasser auf die Fotografie meines verstorbenen Mannes. Das folgende Wasserkristallfoto, das er mir
schenkte, enthält Prophezeiungen. Eine ist jedoch noch nicht eingetroffen. Der Hund unterhalb der unteren Lichtkugel (im Profil mit
Bumerang unterm *Arm*) lag jahrelang an der schweren Eisenkette.
Links daneben entdecke ich ein vages Frauenbild: Lisbela?

97

Kurz nachdem Peter in meinen Armen zusammengebrochen war, wurde Tobi losgelassen, da die Bäuerin ins Krankenhaus musste. Ich hatte öfters zu ihr gesagt, in deinem nächsten Leben möchte ich nicht in deiner Haut stecken. Dann wirst *du* wohl an der Kette liegen. Oder als Mastschwein in Isolationshaft versauern. Es tat mir stets in der Seele weh, Lisbelas jeweiliges Schwein so ganz allein auf dem bis weit über Sichthöhe ummauerten Betonboden vegetieren zu sehen.

Tobi hatte jedenfalls seinen Job als Wachhund verloren und kam zu mir, um seine Dienste anzubieten. Ich hatte es ihm ja auch angeboten. Oft, wenn ich vorbeikam und ihn mit Leckerlis tröstete, sagte ich, „wenn Lisbela nicht mehr da ist, kommst du einfach zu mir." Einmal probierte ich, das Metall aufzudrehen, um ein bisschen mit ihm herumzulaufen. Doch dazu hätte ich schweres Werkzeug gebraucht. Wenn ich bei Freunden das Thema Tierschutz ansprach, hörte ich immer wieder, dass dies hier bei den Bauern normal sei.

Auf dem Wasserkristallfoto weiter oben links ist eine Glühbirne über dem Dreieck zu sehen. Sie scheint das Starkstrom-Desaster zu prophezeien, das zwei Monate nach dem WKF-Experiment mein neues Handy, einige Elektrogeräte und Glühbirnen zerstörte.

Wenn wir prophetisch träumen oder wie hier auf den Wasserkristallfotos in die Zukunft blicken dürfen, können wir davon ausgehen, dass unsere Lieben im Jenseits noch mit uns kommunizieren und uns auf bestimmte Dinge hinweisen wollen. Manchmal sorgen sie auch dafür, dass wir wichtige Papiere finden können.


## Vorhersage der Facebook-Daten-Krise

Es hatte eine Weile gedauert, bis ich im oberen Bereich des folgenden Wasserkristalls Buchstaben erkannte. Bei dem zerbrochenen Inneren des Hexagons dachte ich zuerst an die doppelte Brechung des Bewusstseins.

Aber darüber hätte sich mein Mann mit mir nicht austauschen wollen. Bei den im oberen linken Zacken beginnenden Buchstaben nahm ich zuerst an, es heiße *EBAY* und weise auf ein Fehlurteil des Gerichts hin, über das ich in meinem biografischen Roman berichtet habe. Dafür hätte gesprochen, was Isabel Bannier-Groß mir auf medialem Wege von Peters Freund Bolko Seifert übermittelte, der seinerzeit mein Rechtsanwalt in der Causa Dressler gegen Meyer war. Bolko, der wie Peter im selben Kreißsaal fast zur gleichen Zeit zur Welt kam, war fünf Jahre zuvor genau wie Peter im Stehen verstorben.

Isabel sagte, „dieser mediterran aussehende Mann macht das Geldzeichen. Es scheint mir so, als wolle er dir irgendwie behilflich sein."

Ein paar Wochen später wurde allerdings der Facebook-Daten-Skandal aufgedeckt. Und beim nochmaligen Schauen erkannte ich eindeutig, dass der erste Buchstabe ein F ist: FB AX. Ax bedeutet englisch Axt, aber auch *etwas streichen* im Sinne von kürzen, abschaffen. Zwar sind die Aktien auch kräftig gefallen, aber mittlerweile sind sie höher als je zuvor. Peter wollte mit dieser Prophezeiung meinem Buch wohl nur mehr Substanz geben. DANKE Liebster!

Mein Mann hat zu Lebzeiten im Fleisch nicht an das geglaubt, was er jetzt erlebt, sich aber posthum bei mir schriftlich am PC bedankt, wie Sie in den analogen Büchern lesen können. Früher oder später werden wir alle über unser jetziges Bewusstsein hinaus die Wirklichkeit erkennen. Wir wissen ja auch noch nicht allzu lange, dass alles Materielle Energie ist. Vielleicht ist das ganze Leben nur ein Traum.

Sei es, wie es sei, es würde mich freuen, wenn die Seelensterne dazu beitragen könnten, dass viele meiner LeserInnen über ihr jetziges Bewusstsein hinaus noch andere Realitäten zu erkennen anstreben.

## Alberei um Abneigung plus doppelte Prophezeiung

Beim Blick auf folgenden Kristall lachte ich laut, als ich die unvorteilhaft präsentierte Doris Day erkannte: pausbäckig wie ein Baby, wasserstoffblond und vollmundig singend, besser gesagt schreiend. Und die lachende Fratze direkt darüber. Peter war nämlich 2009 so gar nicht begeistert von meiner Begeisterung, als wir von meiner Verwandtschaft mit der singenden Schauspielerin erfuhren. Zwar sagte es mir eine Wahrsagerin schon Anfang der 90er-Jahre, allein mir fehlte der Glaube. Und damals war es auch noch nicht zur Gewohnheit geworden, sich bei den Googleboys und -girls genealogischen Rat über eventuelle Verwandtschaften zu holen.

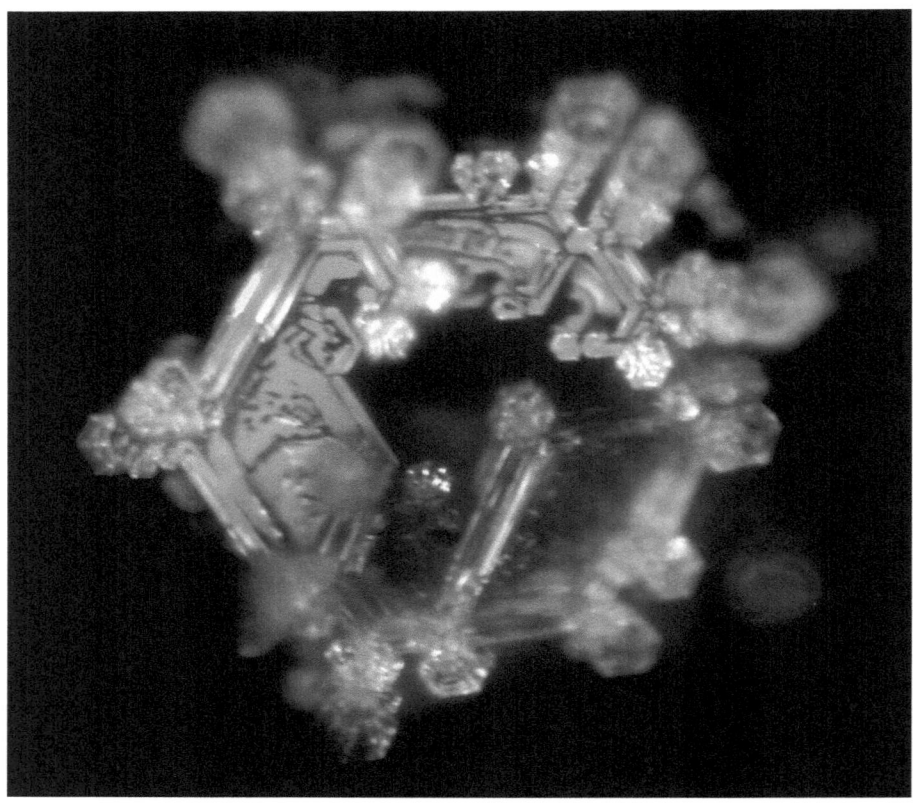

Ja, Doris war nicht gerade Peters Fall. Links von ihrem Abbild die mit Licht bekränzte Gestalt im Durchgang interpretiere ich als Prophezeiung für Doris' bevorstehenden Übergang in die geistige Welt.

Vielleicht hat Peter seinen geistigen Onkel Adolph Meyer-Gauting gebeten, Doris ins Wasser zu *malen*.

https://de.wikipedia.org/wiki/Adolph_Meyer_(Maler)

Peter war im Sommer 2009 ziemlich genervt, als ich für Doris einen Familienroman schrieb, damit sie ihre Neckarverwandten kennenlernen lernt. Weniger des Schreibens wegen, sondern weil ich ihm immer mitteilte, was ich ergoogelte. Damals war Doris hinter einigen männlichen Kollegen noch immer die erfolgreichste Kinokassen-Diva aller Zeiten. Doch wohl wegen ihrer Biografie *Her Own Story* von bzw. mit A. E. Hotchner, in der sie beschreibt, wie sie von einem jüdischen Rechtsanwalt um ihr gesamtes Vermögen von über zwanzig Millionen Dollar betrogen wurde, blieb ihr der Lebenswerk-Oscar verwehrt. Vermutlich wegen des immensen jüdischen Einflusses in Hollywood.

Peter nervte auch, dass ich ihm immer wieder Fotos zeigte, wo Dodo meiner Mutter ähnlich sah. Um seinen Widerwillen dem ganzen Verwandtschaftsthema gegenüber zu verdeutlichen, zitiere ich die Passage aus *Familien-Code*, wo meine Tante anrief, um mir die Neuigkeit mitzuteilen:

… „*Und wie sollen wir mit Doris Day verwandt sein?*

*Anneliese antwortete: Hilde Wiswesser sagte durch unsere Oma. Wie hieß die denn? Eleonore Nollert. Wieso weiß Hilde das?*

*Sie sagt, es ist offiziell. Das könnte man in der Stadtverwaltung in Mückenloch erfahren. Das wollte ich dir nur gesagt haben …*

*Ich war erfreut, bewegt, geehrt, eine bunte Gefühlsmischung. Verwandt mit einer Frau, deren Song Que sera sera fast jeder Mensch kennt. Ich füllte die Google Suchleiste mit dem Namen der Sängerin und Schauspielerin. Hast du mein Gespräch mit Anneliese mitgekriegt? Du bist wohl mit einer Verwandten von … wow … der immer noch erfolgreichsten Schauspielerin aller Zeiten verheiratet! Auf der 'All Time Number One Stars' Liste steht Tom Cruise als No 1 und Doris Day als No 6, direkt hinter ihrem Freund, dem Bürgermeister.*

*Peter motzte: Dreh nicht gleich durch.*

*Auf sein spöttisches Grinsen sagte ich, wie würdest du dich denn fühlen, wenn du mit John Wayne verwandt wärst?*

*Deine Beziehung zu dieser Frau bringt uns keinen Pfifferling.*

*Geld, Geld … stöhnte ich. Ja, gab Peter bissig zurück, wir konzentrieren uns besser aufs Geschäft.*

*Ah! Hier gibt es einen Stammbaum. Da ist tatsächlich ihre Groß-mutter Anna Christina oder es ist ihre Urgroßmutter ... eine geborene Nollert wie meine Urgroßmutter. Sie sind neun Jahre auseinander, wahrscheinlich Schwestern. Endorphine schossen durch meine Venen.*

*Peter entnervt: Na und? Ich aufgeregt: Meine Mutter ist wohl ihre Cousine zweiten Grades.*

*Und bringt uns das weiter?*

*Neckarhäuserhof hat nicht viel mehr als ein Dutzend Häuser, das muss so sein. Peter entnervt: Hast du nichts Besseres zu tun?*

*Ma ist nur zwei Monate jünger als Doris. Von allen entfernten Cou-sinen ist sie ihr am ähnlichsten, zumindest was Aussehen und Singen betreffen. Anneliese und Hilde sind mehr die Komiker.*

*Du machst mich krank. Wenn du nicht aufhörst, geh ich. Wir haben den Stress mit dem Ubbe Bastard und du vergeudest deine Zeit mit so einem Unsinn.*

Die lachende Fratze auf dem Wasserkristallfoto überm Kopf des früheren Filmstars soll of-fenbar Peter selbst darstellen, der über seinen eigenen Witz lacht. Wie er es stets tat, wenn er sich mit einer originellen Kopfbedeckung schmückte, um mich zum Lachen zu brin-gen: Mamas Häkeldeckchen, Schachteln, Kissen, Topflap-pen ...

Dies Foto von Doris scheint Vorlage für die ins Wasser *ge-malte* Karikatur gewesen zu sein, der Pausbacken wegen.

104

*Hey, wart mal, schoss ich zurück, du bist derjenige, der den Be-*
*trügern immer das Geld gibt.* (Meyer 2016, S. 43)

Das erklärt vielleicht die unsympathisch abgebildete Doris, wo sie doch sonst immer sehr ansprechend erscheint. Aussagekräftig ist auch, dass das Wasserkristallfoto nicht ihre Schokoladenseite zeigt. Doris ließ sich fast immer im rechten Profil fotografieren.


### Wie sehen die Wasserkünstler das neue Heim in Frankreich?

Maurits, der neue Mann in meinem Leben, hat ein einhundert Jahre altes Haus in Frankreich gekauft. Das war für mich wieder eine Gelegenheit, die geistige Welt zu bitten, ihren diesbezüglichen *input* ins Wasser zu *malen*. Das Poster des aussagekräftigsten Kristalls war außerdem eine gute Gelegenheit für ein originelles Geburtstagsgeschenk für Maurits' 70., der auch der Todestag seiner Frau Lucie war.

Folgendes Foto wurde um ein mit Wasser gefülltes Fläschchen gewickelt. Der Test lief unter dem Titel „Seelensterne der Hausbewohner". Ich hatte übrigens den verstorbenen Eigentümer ergoogelt. Er starb am 5. Mai 88-jährig an dem Tag, als Maurits und ich uns näher kennengelernt hatten. Maurits' Mutter brachte zehn Kinder zur Welt, so dass im Hause Hagenaar fast so viele Menschen lebten wie im Hause Tixier. Da einige der Wasserkristallfotos geisterhafte Wesen zeigen, könnten einige Angehörige noch im Hause anwesend sein. Vielleicht brauchen sie die Hilfe von Sensitiven, die ihnen die Transition in die geistige Welt erleichtern. Denn sie können sich ja nicht weiterentwickeln, wenn sie der irdischen Ebene verhaftet bleiben.

Es gibt noch weitere Synchronizitäten mit dem Haus bzw. der Familie Tixier, aber mindestens genauso wunderlich sind unsere: Wir haben nicht nur die gleichen Interessen, sondern ähnliche Charakterzüge und Verhaltensweisen. Unsere beiden über vierzig Jahre langen Ehepartner

haben uns in den letzten paar Jahren öfter gesagt, dass sie nicht mehr leben wollen. Peter erwähnte ein paar Mal, dass diese Welt nicht mehr die seine sei. Auf meinen Einwand „meine auch nicht", sagte er, „nein, du wirst hier noch einiges erleben müssen." Er wusste wohl schon lange von seinem Wechsel in die geistige Welt.

Peter und Lucie melden sich ab und zu bei uns, letzthin beim Besuch des Dentisten Wolfgang Spengler in São Brás, der dito Bildhauer ist. Maurits hatte sich schon zusammen mit Lucie für die *Große Seele* aus Orangenholz mit runder Brille interessiert. Aber sie war ihm (oder eher ihr?) zu teuer. Nun entschloss Maurits sich, die Gandhi-Statue zu kaufen. Als wir uns verabschiedeten, schaltete sich plötzlich der Alarm der Uhr meines Smartphones an, das in der am Eingang abgestellten Handtasche lag. Ich hatte die Uhr aber nie vorher verwendet!

Schon vor Jahren habe ich von dem malenden Medium Gasparetto bzw. von dem durch ihn gechannelten Henri de Toulouse-Lautrec gehört, dass die geistige Welt durch elektrische Geräte mit uns kommunizieren kann. Viele Menschen merken gar nicht, dass ihre Lieben sich z. B. via Lichtzeichen oder Radio- bzw. TV-Botschaften melden. Letzteres haben mir auch mein Mann und meine Mutter bewiesen, wie ich in meinen letzten diesbezüglichen Büchern zeigen konnte.

Sie konnten schon auf Seite 37 in einem Video sehen, wie Antonio Gasparetto in Trance Alter Meister kanalisiert. Folgendes Video zeigt Ihnen, wie Antonio Gasparetto auch im Trancezustand französisch spricht. Oder anders ausgedrückt, Sie können den Alten Meister malen sehen und hören, der sich Gasparettos Händen und Stimmbänder bedient.

https://www.youtube.com/watch?v=bWpc71VKiDI

Aber zurück zum Haus, zu Frankreich und unseren jenseitigen Ehepartnern. Vielleicht haben die beiden sogar das Haus ausgesucht. Denn vor zwei Jahren kaufte Maurits' Tochter mit ihrem Mann ein Haus in der Nähe des hier begutachteten. Peter und Lucie liebten beide Frankreich. Immer wenn wir durch das Land fuhren, freute sich Peter über die prächtigen Alleen und hübschen Dörfer. Vielleicht wollen uns beide ein Weilchen begleiten, denn auch Lucie hätte lieber in Frankreich gelebt als in Holland.

Beim folgenden Wasserkristall waren weniger versierte Maler am Werk als z. B. auf Seite 9, wo Peter wie auf einem Foto abgebildet ist. Es schauen sich zwei unterschiedlich große kubische Köpfe im Profil

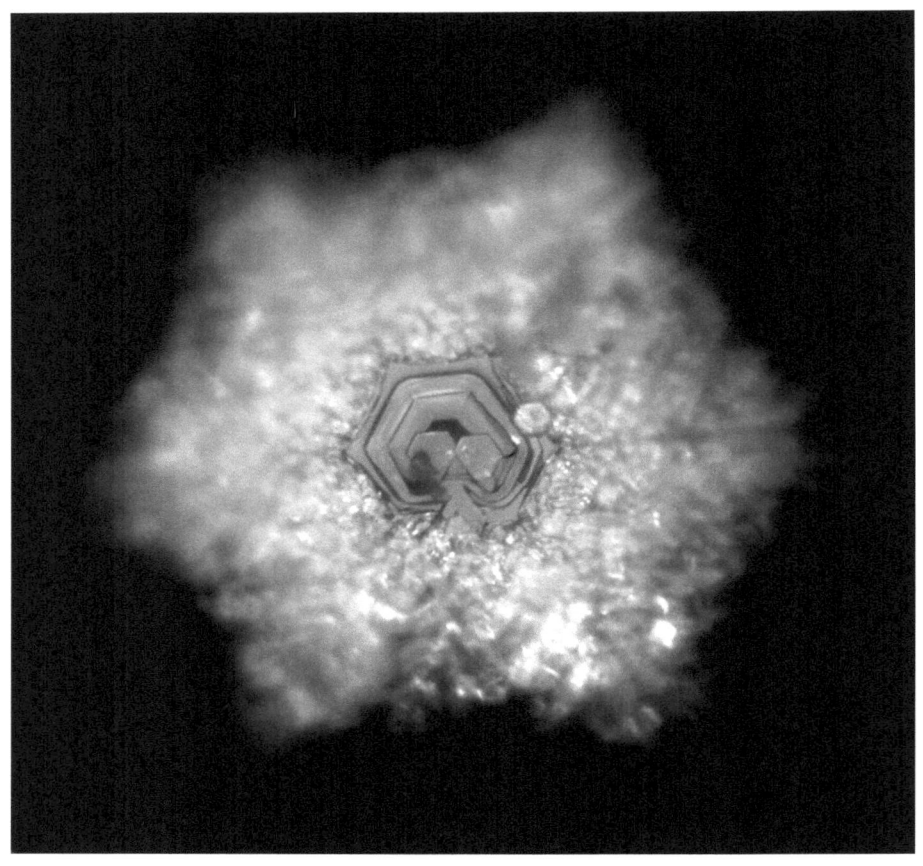

an. Ein Hund, auch im Profil, sitzt vor dem linken größeren Kopf, wohl zum Zeichen, dass Maurits nun Tobis offizieller Besitzer ist.

de.wikipedia.org/wiki/Frankreich

Auf nächstem WKF ist das Dach zu erkennen, wo es auf der linken Seite gebrannt hatte. Es ist der dickste Brocken. Das Dach ganz zu erneuern könnte 30.000 Euro kosten. Hoffentlich bedeuten die drei Brocken nicht noch andere Großprojekte am Haus, Heizung, Wasserserleitung, Schimmel etc. Die RTL2-Sendung *Schnäppchen-Häuser* gibt ja hinreichend Einblicke in die bösen Überraschungen, mit denen Käufer von Häusern rechnen können.

Auf dem brillanten Kristall auf Seite 110 sind in der Mitte viele Menschen geisterhaft zu erkennen. Einige der Ex-Bewohner würden sich womöglich erkennen. Sollten es aber doch Geister sein, dann hoffentlich nur gute. Alle Kristalle strahlen Licht und Fröhlichkeit aus, wenn auch ein paar im Inneren nebulös erscheinen. Auch im oberen Zacken ist ein Gesicht zu erahnen. Vielleicht Lucie, die Strahlende?

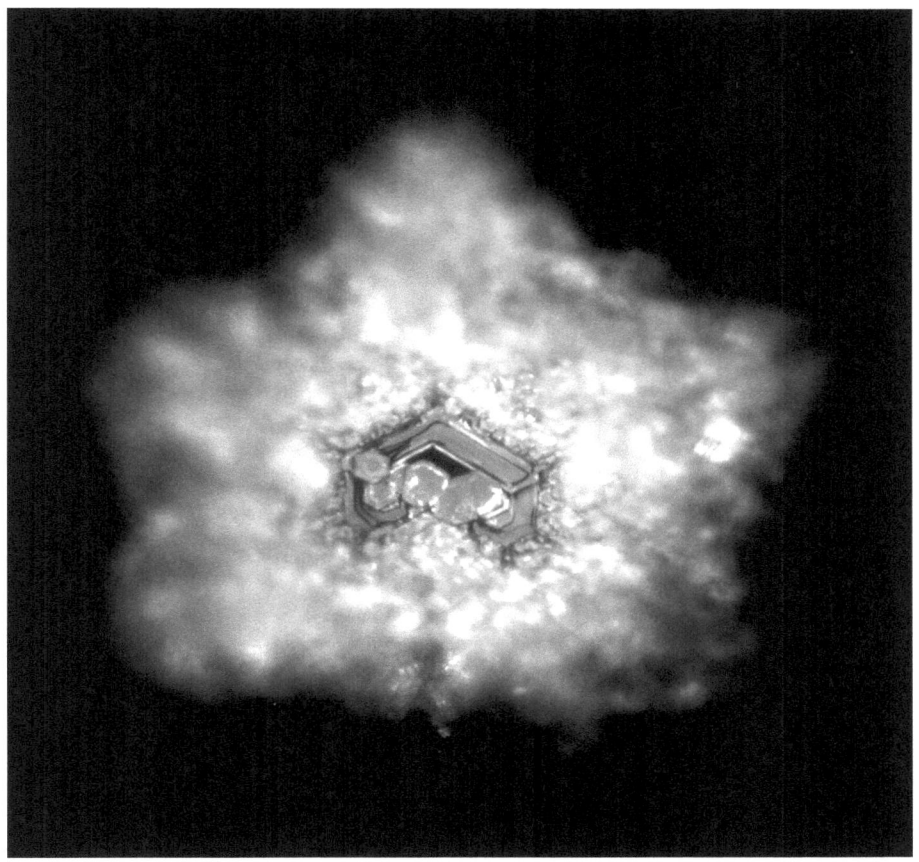

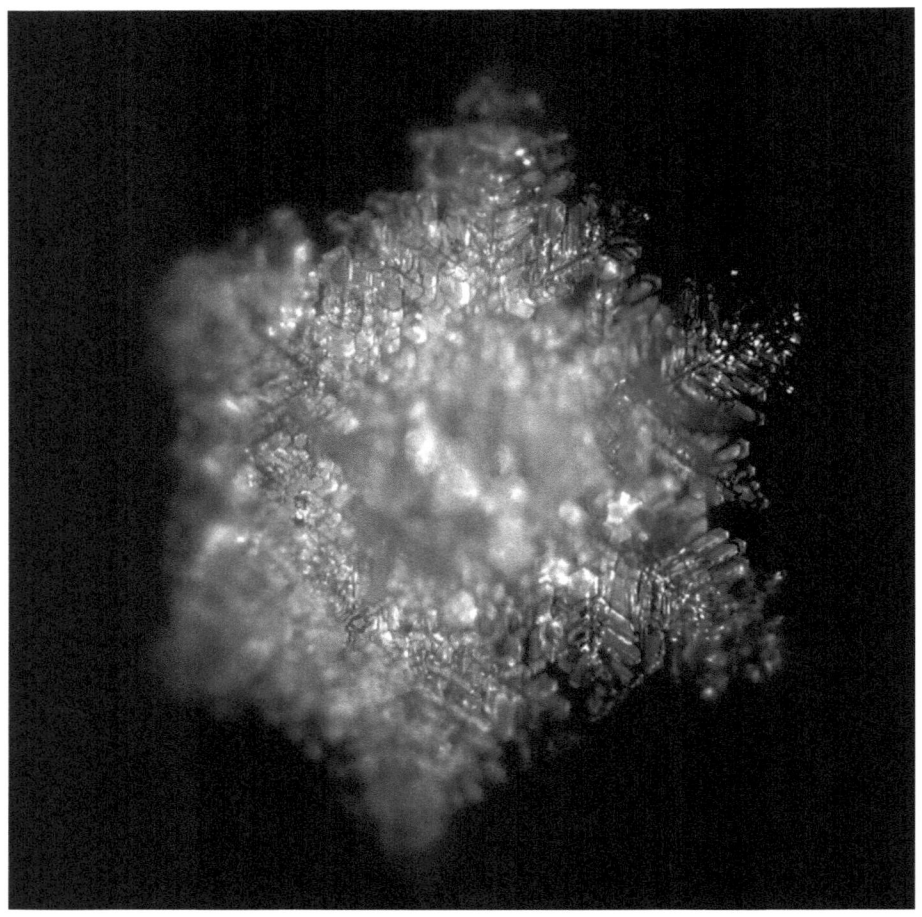

Nicht nur wegen der schönen Kristalle interpretiere ich den neuen Lebensabschnitt – gleichwohl nur in den Sommermonaten – als positiv. Auch freue ich mich, meine Lieblingssprache lernen zu dürfen. Mit über siebzig noch zwei Fremdsprachen zu lernen ist zwar eine Herausforderung. Mais j'aime la France et la langue française. Bei portugiesisch habe ich das Handtuch geworfen. Denn das brasilianische Portugiesisch, das gelehrt wird, versteht in der Algarve niemand. Wozu sich also mit dieser schwierigen Sprache abmühen, wenn fast alle, zumindest die jüngeren Leute englisch sprechen?

Das nebulöse Innere einiger Kristalle könnte für unsere Ungewissheit gegenüber dem Kommenden und Jenseitigen stehen, die nur durch Bewusstsein bzw. das klare Licht der Erleuchtung aufgelöst werden kann. Auf folgendem Kristall sind Köpfe und Zahlen zu finden. Letztere über dem eingesprengten linken Zacken. Die „6" ist die erste, „0" die letzte Zahl der Postleitzahl unseres neuen zweiten Wohnortes. Übrigens beginnt auch die Postleitzahl des liebreizenden Odenwald-Städtchens Michelstadt, in dem ich insgesamt dreißig Jahre

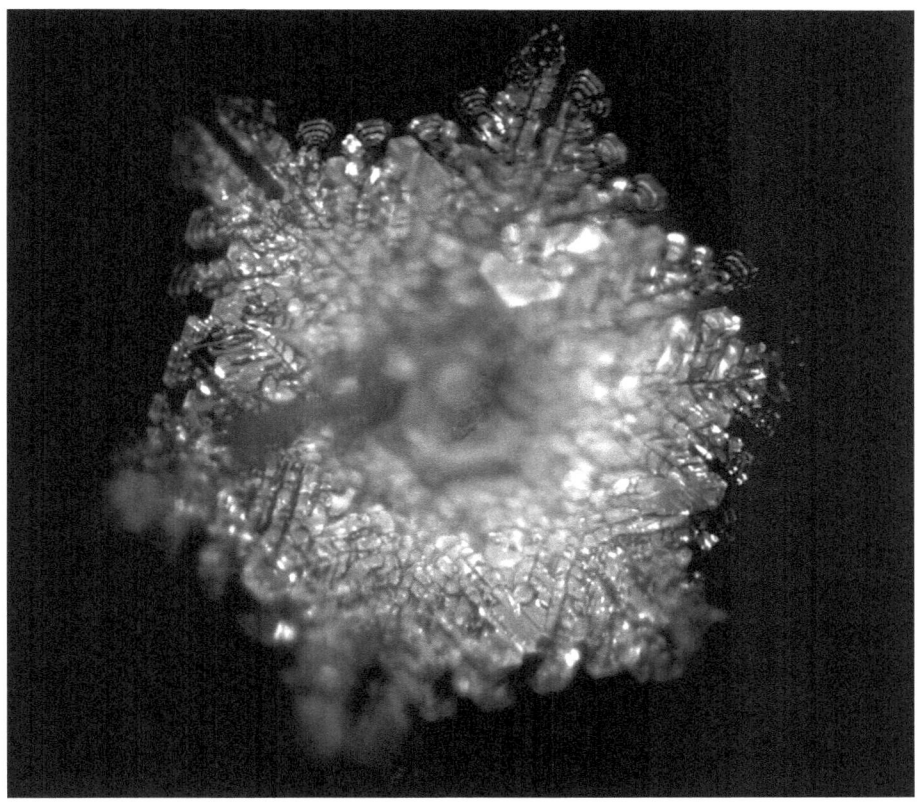

gelebt habe, mit der „6" und endet mit „0". Oben scheint einer unserer Samtpfoten auf einem Herzkissen zu ruhen. Doch wie gesagt, bei diesem WKF-Test scheinen weniger wahre malende Meister am Werk gewesen zu sein, als das bei einigen anderen Tests der Fall war.

In der Mitte meine ich, eine Gliederkette zu erkennen; es könnten aber auch aneinander gekettete Menschen sein. *Eine Kette verbindet etwas. Oft wird sie als Verbindung von zwei gegensätzlichen Polen dargestellt und ist daher häufig ein Sinnbild der Beziehungen zwischen Himmel und Erde.*
https://symbolonline.de/index.php?title=Kette

Meine Verbindung zum Jenseits können Sie in all meinen Büchern finden. Dass es mehr Dinge zwischen Himmel und Erde gibt, als die Schulweisheit lehrt, habe ich darin hinreichend dargelegt.

Auf dem Wasserkristall erkenne ich auch noch im unteren rechten Zacken einen Kopf. Viel mehr kann ich momentan nicht ausmachen. Aber wie schon gesagt erkennen wir viele der Botschaften erst später, besonders wenn sie prophetischer Natur sind.


### De Bijenman in Frankrijk

Maurits und ich haben beide einen grünen Daumen, aber die Liebe zur Natur ist bei meinem ¾ Holländer und ¼ Deutschen noch ausgeprägter. In seiner Heimat ist Maurits als Bienenmann bekannt. Er hatte fast siebzig Bienenkästen und verkaufte den Honig seiner Bienen in der Nachbarschaft. In Portugal hatte er weniger Glück mit den Honig produzierenden Baumeistern. Folgendes Wasserkristallfoto zeigt ein augenfälliges Sechseck, die Lieblingsfigur der Natur. Das Hexagon scheint die Arbeit der Biene zu demonstrieren, wie sie mit der letzten, der sechsten Wand, das Haus zum perfekten Sechseck schließt.

Vielleicht bedeutet dieses Kristallbild, dass die Bienen in Frankreich wieder fleißig bauen werden. Maurits will ja auch seine Bienenkästen mit zur *Grande Nation* nehmen. Ich bin frohen Mutes, dass wir im Frühjahr 2021 das Haus in gutem einfach zu renovierendem Zustand vorfinden und uns an eventuell anwesenden Geistern keineswegs stören werden. Unsere beiden seligen Ehepartner und all unsere Lieben werden unabhängig davon uns begleiten und vor eventuellen geistigen Übergriffen schützen.

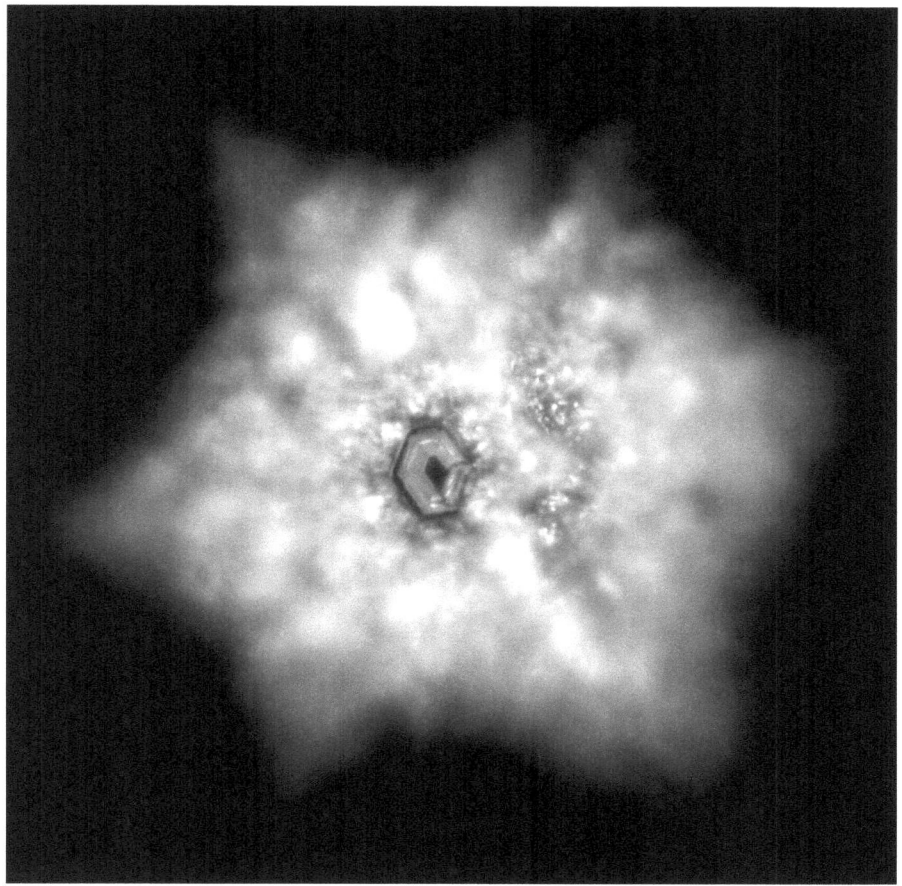

## Danksagungen und Schlussbemerkung

Es ist mir immer wieder ein Bedürfnis, durch das Informieren des Wassers die Seelenwelt um eine Stellungnahme zu bitten. Daher danke ich Ernst F. Braun und Sarah Steinmann, dass sie mir durch die Mikroskop-Fotografie gefrorener Wassertropfen diese wundervolle Erfahrung ermöglichen.

Hedwig Müller und Dr. Renate Kaiser-Alexnat danke ich für die Durchsicht des Manuskripts und dienliche Hinweise und Korrekturen.

Auch danke ich all meinen Freunden, Verwandten und Bekannten für Ihre Anregungen beim Betrachten der Wasserkristallfotos und ihre Berichte über Erfahrungen mit der geistigen Welt.

Für den Beitrag zum Thema *Zufälle* danke ich meiner Nichte zweiten Grades Bianca Degenhardt, die mir am 2.9.2020 ohne Kommentar ein Foto über Facebook zukommen ließ, das den Eingangsbereich eines Unternehmen zeigte. Ich hatte beim Betrachten ein ungutes Gefühl. Später sagte Bianca, dass ihr als Mitglied einer spirituellen Facebook-Gruppe dieses Foto eines Krematoriums gezeigt worden sei. *Es sollen viele verlorene Seelen zu sehen sein. Also Seelen, die noch gar nicht wissen, was los ist.*

Dabei ist bemerkenswert, dass synchron am selben Tag Maurits' Bruder starb. Robert Hagenaar war nicht vom Weiterleben der Seele überzeugt. Daher leitete ich das Foto per WhatsApp mit einer gesprochenen Erklärung an Maurits weiter. Ich nahm an, dass, wie damals die Seele meiner Schwiegermutter nach Kalifornien kam, auch Robert zu seinem Bruder kommen würde. Zumal er noch nie bei ihm in der Algarve war. Und wenn er meinen Kommentar zum Foto hört, wird es ihn hoffentlich beruhigen, wie es damals meine Schwiegermutter beruhigt hatte, als ich nach einer jähen Lähmung sofort an Lisa dachte, sie ansprach und ihr erklärte, was ich über die geistige Welt bereits erfahren hatte. Daraufhin konnte ich mich wieder bewegen. Mich hat Robert offenbar auch besucht. Vielleicht zusammen mit Lucie. Letztere war schon an

114

ihrem Geburtstag in meiner Küche, als die 10 l-Glasflasche mit Wasser zersprang und das erlesene Nass sich über den Boden ergoss. Lucie war ein Putzteufel und dachte wohl, dass ich an ihrem Geburtstag mal putzen könnte, haha. Aber dass dann auch am Tag der Einäscherung von Maurits' Bruder die Stehlampe auf dem Boden zerschellte und etwas später die Schranktür in meiner Rumpelkammer aus den Angeln hüpfte, mutet doch recht seltsam an. Letzteres wohl, weil ich dachte, der Kater hätte das Licht zerbrochen. Solche Sachen passieren meist nur bei besonderen Anlässen und wenn wir mehr darauf achten, erkennen wir den Sinn. In diesem Fall soll es wohl dieses Buch bereichern.

Auch kann es hilfreich sein, auf unsere Träume zu achten. Vom 21. auf den 22.12. habe ich von Jochen Gestering geträumt. Allerdings war der mit unserer Familie befreundete Kunstmaler im Traum viel jünger und lief auf zwei gesunden Beinen. Er hatte mich als Teenager mit der dicken Starbrille Federball spielen sehen und von meinem Vater verlangt, mir sofort Kontaktlinsen anpassen zu lassen. Diesen Liebesdienst erwies er mir, da er mit seinem abgeschossenen Bein wusste, wie es ist, mit einem körperlichen Mangel zu leben.

Was wollte Jochen mir mit dem Traum sagen? Da meine Schwägerin zwei meiner Acryl-Bilder haben will, falls ich vor ihr sterbe, habe ich ihr ein ähnliches noch schnell als Weihnachtsgeschenk gemalt. Aber vermutlich ging es Jochen um den Text dieses Absatzes, da er so gut zum letzten Satz des vorherigen passt. Gerade sprang der PC zum letzten Satz auf Seite 113!!! Und mir fällt beglückt Matthäus 28-20 ein.

*„Christus spricht: Siehe, ich bin bei euch alle Tage bis an der Welt Ende."*

Segnen wir dereinst das Zeitliche, werden wir uns auch bemerkbar machen wollen. Doch nicht allzu viele Zeitgenossen denken an Geister, wenn etwas Unerklärliches passiert. Ich hoffe, dass sich das bald ändern wird und mehr Menschen über ihre Erfahrungen berichten.

Es kommt also auf Ihr Feedback an!
Gern per E-Mail: marianneemeyer @ gmail.com

## Literatur

Emoto, Masaru: The Message of Water. Die Antwort des Wassers, Burgrain 2002

Guggenheim, Bill und Judy: Trost aus dem Jenseits: Unerwartete Begegnungen mit Verstorbenen. Fischer TB 2007

Hornauer, Urs: Wasser - die geheimnisvolle Energie: Für Gesundheit und Wohlbefinden, Hugendubel 1998)

Jürgenson, Friedrich: Sprechfunk mit Verstorbenen. Praktische Kontaktherstellung mit dem Jenseits. München, 7. Aufl. 9/92

Meyer, Marianne E. Gesund ohne Medikamente, Norderstedt 2020
    Wasser verbindet die Welten, Norderstedt 2016, Wunderwesen Wasser Nst. 2002

Sheldrake, Rupert: Sieben Experimente, die die Welt verändern könnten. Bern 1995
    Das erweiterte Bewusstsein. Außersinnliche Fähigkeiten von Menschen und Tieren. In: Tattva Viveka, Nr. 21, 2004

Ein Durchbruch in der medizinischen Diagnostik und Therapie ist gelungen. Das Buch informiert über die Kommunikation der Zellen und wie sich uns via magnetischer Skalarwellen ungeahnte Heilungschancen eröffnen. Es ist heute möglich, unsere biologische Uhr zurückzudrehen. Eine Prüfung eventuell fehlender Mikronährstoffe und eine entsprechende Umstellung der Ernährung stehen am Anfang der Verjüngung. Daneben hilft die Skalarwellen-Analyse (SWA), alle Körperfunktionen & Schadstoffbelastungen zu ermitteln.

Das Werk enthält eine Lebensmittelliste mit Angabe essenzieller Salze und gefährlicher Gifte, damit Sie nach Ihrer Skalarwellen-Analyse öfter Esswaren verzehren, die Ihre Nährstoff-Defizite ausgleichen und in Ihrem Körper angesammelte Toxine künftig meiden können. Auch erhalten Sie Kenntnis über den Einfluss von glykämischem Index und glykämischer Last auf die Gesundheit. Da vor allem Eltern darüber klagen, dass sie arbeiten müssen und ihnen die Zeit zum Zubereiten frischer Gerichte fehlt, finden Sie im farbig illustrierten Rezept-Teil leckere, gesunde und zeitsparende Küchen-Kreationen.

ISBN: 978-3750493179  184 Seiten  17 x 22 cm  €15.90

## Dr. phil. Marianne Erika Meyer

Die Diplompädagogin und promovierte Ernährungswissenschaftlerin hat bereits zahlreiche Wasser-, Gesundheits- und Lebenshilfebücher veröffentlicht. Ihr Bestseller „*Spirulina, das blaugrüne Wunder*„ orientiert sich an ihrer Dissertation, die sich der Stärkung des Immunsystems mit Spirulina widmet.

Einige Jahre arbeitete M. Meyer als Diplompädagogin zeitweise mit verhaltensauffälligen Jugendlichen in Portugal. Nach dem Tod ihres Mannes lektorierte sie zwei Jahre lang Sachbücher für einen Verlag. Heute kümmert sie sich noch um freilaufende Tiere.

Spirulina gewinnt global immer mehr Beachtung als medizinisch wirksames Lebensmittel. Die Ernährungswissenschaftlerin hat das Nutrazeutikum vor zwanzig Jahren mit ihrem Bestseller „Spirulina, das blaugrüne Wunder" im deutschsprachigen Raum bekannt gemacht. Seitdem steigt die Fangemeinde des Superfoods, das durch einen unendlichen Quell an Nähr- und Vitalstoffen hervorsticht. Bei Spirulina sind es u. a. unzählige Enzyme, Chlorophyll, Carotinoide, Phycocyan sowie essenzielle Amino- und Fettsäuren. Trotz des hohen Proteingehalts von ca. 60 % hat die Mikroalge eine basische, harmonisierende Wirkung auf den Organismus.

Züchter von Pferden, Hunden, Vögeln und Fischen mischen schon seit Jahren Spirulinapulver zum Futter, um die Abwehrkräfte ihrer Tiere zu stärken und Krebs, Diabetes, Arthritis und anderen ernährungsbedingten Krankheiten vorzubeugen.

**Marianne E. Meyer**
**Spirulina – Heilnahrung auch für Tiere**

Lebensrettende Geheimnisse rund um die blaugrüne Mikroalge mit farbigem Rezeptteil, gesunden Leckerlis plus 9 natürliche Entwurmungsmittel

Sie erfahren in dem faszinierenden Handbuch alles Wissenswerte über Spirulina u. a. natürliche Heilmittel sowie für Tiere gute und giftige Lebensmittel. Leckere Rezepte zum Verwöhnen Ihrer Lieblinge inklusive.

ISBN: 978-3-752896329  100 Seiten 17x22 cm  €9,99

In diesem fesselnden autobiografischen Roman nehmen wir am aufregendem Leben der Autorin auf fünf Kontinenten teil. Dabei wird klar, dass wir alle miteinander verbunden sind und Familien seit Generationen ihr eigenes Wertesystem besitzen. Dieser Code eigener Regeln, Sprüche und Kommunikationsstile kommt auch zum Ausdruck, wenn die Familienangehörigen ohne sich zu kennen auf verschiedenen Kontinenten leben.

Das Buch stellt eine Brücke dar, die das Land der Lebenden und das Land der Toten verbindet. Es zeigt, dass es weder Schuld noch Zufall oder Glück gibt, sondern nur Ursache und Wirkung, die viele Jahrhunderte und Verkörperungen auseinanderliegen können. Glück, Pech und Zufall sind nur Begriffe für das noch nicht erkannte Gesetz. Und wer nicht lernt, der leidet. Das einzig Bleibende ist das die Welten Verbindende, der einzige Sinn des Lebens: die LIEBE.

Leserin I. B.G.: „Das Buch vermittelt glasklar gelebte Spiritualität und gehört in jeden Haushalt." Bei Amazon können die geneigten LeserInnen das Buch schon einmal Probelesen, aber für kosmische Pluspunkte bestellen sie es besser beim lokalen Buchhändler.

ISBN: 978-3738643510  208 S.17x22 cm €9,99

Das spannende Buch besticht durch seine klare Aussage über das Mysterium der Wandelbarkeit und Speicherfähigkeit des Wassers.

Inge Schneider (Jupiter Verlag) fand in ihrer Buchbesprechung im NET-Journal die Erkenntnis der Autorin, dass das Wasser „Schnittstelle zwischen physischer und metaphysischer Realität" ist, als besonders ansprechend.

Die LeserInnen finden verstörende Fakten über die Qualität handelsüblicher Wasser. Wer davon überzeugt ist, sauberes Leitungswasser zu haben, wird zum Nachdenken angeregt. M. Meyer rät zu adäquater Wasseraktivierung. Denn, wer belebtes, sauerstoffreiches und basisches Nass aus der Leitung erst einmal schmecken darf, will kein Sprudel mehr aus Plastikflaschen trinken. Reines Wasser ist nach Ansicht der Autorin für alle Gesundheitsprobleme, vor allem wenn sie das Gehirn betreffen, die optimale Lösung.

Letztlich stellt Dr. Meyer Freie-Energie-Forscher und ihre Technologien vor. Sie ruft auf, Volksvertreter zu bitten, die Raumenergieforschung zu forcieren. Denn wenn wir das Energieproblem lösen, bringen wir den Friedensprozess voran und verhindern Ressourcenkriege.

ISBN 978-3735785145  104 S. 17x22  € 9,90

# FÜR IHRE NOTIZEN